Eurus

Notus

中野博文
Hirofumi Nakano

暴力とポピュリズムのアメリカ史

——ミリシアがもたらす分断

Boreas

Zephyrus

岩波新書
2005

はじめに

ミリシアで知るアメリカ

ミリシア（militia）とは、ヨーロッパに古代から伝わる軍隊のかたちである。日本語では、しばしば民兵と訳される。ミリシアは今日の紛争でも登場するが、この小著で取りあげるのは、アメリカ合衆国（以下、アメリカと略す）で活動しているミリシアである。

アメリカにおいてミリシアは、政府が設置した軍の部隊である。その任務は多岐にわたり国内外での軍事作戦に従事するほか、暴動鎮圧、災害発生時の人命救助や復旧支援などをおこなっている。そうしたミリシアを表現するとき、時代とともに異なる言い方が生まれてきた。たとえば、「州軍（National Guard）」である。一九世紀半ばになるとミリシアの内実が大きく変わったので、新しい言葉が使われるようになったのである。

現在のミリシアは州軍として整備されるようになってから、一五〇〇年以上が経過している。何とも長い歴史をミリシアは持っているのである。さらに言えば、それは今日まで途切れることなく活動を続けている。アメリカ最古のミリシアは、アメリカ合衆国が建国される一七八九年より一八〇年以上前の一六〇七年に設置されて以降、現在まで存続する。

この最古のミリシアが生まれたのは、イギリスが北米大陸にはじめての植民地を建設したときである。ヴァージニア植民地の治安維持のためであった。江戸幕府が生まれたのが一六〇三年であるから、江戸開府の四年後から活動していることになる。アメリカは歴史の浅い国と言われることが多いが、ミリシアの歴史を紐解けば、アメリカほど伝統的な組織や制度を守り続けているところはないとわかるであろう。

無論、これほど長い歴史がある以上、ミリシアの組織は大変貌を遂げている。今日のアメリカは、地球上で最大の軍事力を持つ。そうした超大国アメリカのミリシアは、はるか昔、大西洋世界の辺境にイギリスが創ったミリシアと同じであろうはずがない。

ただその一方で、変わらぬこともある。

政府が設置している常備軍は正規軍《レギュラーズ》とも呼ばれ、その構成員は平時でも政府から給与をもらいながら出動時に備えている。これに対してミリシアは、普段は軍と無縁な生活をしている民間人が緊急時に集まって活動するものである。二〇世紀以降、軍の近代化で常勤の専門職が必要とされるようになったとはいえ、現在のミリシアにも、植民地時代と同じ働き方をする人々がいる。政府の要請があったら出動するものの、要請がないなら住居の近くの軍事施設で、年一度二週間、月一度二日間の訓練をするだけの兵士である。

ミリシアは民間人のパートタイム勤務のようなものである。政府からの呼び出しがないときは、金銭的報酬をもらえないためである。この点で、正規軍軍人とまったく違う。正規軍軍人は職業軍人であり、軍務で自分や家族を養う生活の糧を得ているのである。

このような民間人の軍事部隊であるミリシアの実像は、なかなか想像がつかない。現在、アメリカは地球上の隅々にまで軍事基地を持ち、宇宙空間や大洋の海底でも活動している。そうした軍事的超大国の印象が強いので、アメリカの軍隊を考えるとき、どうしても最新兵器を操る職業軍人に目が行きがちになる。しかし、アメリカの軍隊を論じるとき、正規軍とともにミリシアを語らないと、その全体像が見えない。

陸軍に属する兵員の内訳を見ると、二〇二一年、正規軍四八万人、州軍三三万人、予備軍一八万人である。ちなみに日本では、二〇二二年時点で陸上自衛隊が一四万人、アメリカの予備軍にあたる予備自衛官などの人々が六万人である。兵員数が違うのはもちろんであるが、正規の軍隊と予備軍との比率も、日米では大きく異なる。

アメリカの正規軍は州軍より兵員数が多いものの、その比率を見ると、州軍は正規軍の六八パーセントの規模である。正規軍とともに世界各地で展開している州軍(伝統的な名称で言えばミリシア)は国防の要であり、アメリカの軍隊を知ろうとするとき、その理解は欠かせない。

もう一つのミリシア――右翼過激派が創設した民間団体

右に私は、ミリシアは政府の軍隊であると記した。これとまったく異なる組織が現在のアメリカには存在し、同じミリシアという名で活動している。

それは、右翼過激派(極右とも称される)が創設した民間人による武装団体である。銃や爆弾を使った事件を起こして日本のメディアでも時折報道されているので、知る人も多いであろう。

こうした団体が広く世の注目を集めたのは、一九九五年のことである。この年の四月一九日、オクラホマ州にある連邦政府庁舎が、自動車に積まれた爆弾で破壊された。一六八名以上が死亡、六百人以上が負傷する大惨事であった。この爆弾テロの犯人はティモシー・マクヴェイという若者で、ミシガン・ミリシアという団体の構成員であった。

二〇一七年八月一二日にヴァージニア州シャーロッツヴィルで発生した事件も有名である。ミリシアや白人至上主義団体などの右翼活動家が、この地で集会を開催すると、右派に抗議する人々との間で暴力沙汰となり、一人が死亡し、負傷者も一九名以上となった。

こうした暴力を引き起こしている団体と、政府の治安組織が、同じミリシアという名前で呼ばれているのは、なんとも奇妙な話である。水と油のように混じり合うことのない正反対のもののように見えるためである。実際、二〇二一年の連邦議会襲撃事件では、暴動を煽動したのは民間人のミリシア団体で、それを鎮圧するために出動したのが政府のミリシアであった。

なぜ、右派の過激主義者がミリシアを名乗っているのか。このことを考えるため、極右ミリシアの代表格とされる「誓約遵守者《オース・キーパーズ》」を取りあげてみよう。この団体の構成員は軍や警察の勤務経験者が中心である。その団体名にある誓約も軍人や警官が奉職するときにおこなうもので、アメリカの国制(Constitution)を守る約束のことである。

この団体の活動目的は、銃の専門誌『ＳＷＡＴマガジン』の二〇〇八年四月号に掲載された記事で表明されている。そこでは、大統領が憲法を歪めて専制的な支配をおこなうとき、市民は武器を手にして戦わねばならないと訴えられている。そして、そうした事態に備えて、有志を集めて結成する武装団体がオース・キーパーズであるとしている。

この記事は団体構成員を募集する一種の広告であった。読者が好感を抱きやすいように、武力による打倒が必要な悪政の例としてナチスをだすなど、工夫がこらされている。ただそれでも、社会主義知識人への激しい侮蔑が述べられていて、右翼的主張の極端さは隠しようがない。この記事を書いたのは、オース・キーパーズの創立者スチュワート・ローズである。彼は、左派である民主党が政権を獲得した場合、必要なら政府への武力闘争を起こせと、読者を煽動したのである。

まさに極右である。彼らが創った民兵《ミリシア》は外国ではなく、自国の政敵と戦う部隊なのである。しかし、そうした過激な暴力主義にばかり目を奪われてはならない。反乱を正当化する彼らの論理には、きわめてアメリカ的な特異さがある。その特異さに注目すべきなのである。

ヨーロッパの極右であれば、彼らが左派政権の武力転覆を叫ぶとき、目指しているのは、封建時代に存在した特権階級を中心とした秩序の維持や回復である。ところが、アメリカの極右ミリシアは、自由で平等な「人民」を主権者とするアメリカ合衆国の憲法体制を守れと叫んでいる。言うまでもなく、合衆国憲法は各国の近代憲法の手本になったものである。アメリカの極右は、人民主権を原理とする自由な共和政の擁護を活動目的にしている点で、異例な存在である。

オース・キーパーズとならんで著名な民間ミリシアの一つに、「スリー・パーセンターズ」がある。この団体の名の由来は、アメリカ独立革命で本当に専制と戦った者は植民地人の三パーセントもいなかったという伝承にある。その構成員は、時代が変わったとはいえ、合衆国憲法で規定された自由を守るためには、独立革命時の革命家と同じように、市民の義務に目覚めた有志が集まって武装することが必要と唱えている。

こうした主張の核心にあるのは、自由で平等な国を守ろうとする強い意志である。アメリカという国の独特なところは、この意志が武装団体の結成運動を巻き起こしてしまうところにある。無論、こんなことをしようとしても、日本を含めた多くの国では、法律が禁止している。ところが、アメリカでは国家の最高法規である合衆国憲法が、悪政をおこなう政権を打倒するための武力を、一般市民に保障している。このため、一定の条件の下とはいえ、市民は民間武装団体を創れるのである。

なぜ、二つのミリシアが存在するか？――人民武装理念の史的展開

アメリカ合衆国憲法が生まれたのは一八世紀末である。イギリスでもその一世紀前に権利章典(一六八九年)が制定されて、市民の武装権が認められた。イギリスの植民地であったアメリカの人々はイギリスの伝統を引き継いで、同じ権利を憲法に規定したのであった。

ミリシアと市民の関係を規定した合衆国憲法の条文は、その修正第二条である。きわめて簡素に、「よく規律されたミリシアは、自由な国家の安全にとって必要であるので、人民が武器を保有し携帯する権利を侵してはならない」と述べている。

この条文は、この国の宿痾《しゅくあ》である銃犯罪の根源をたどるときに常に言及され、銃を持つ権利を国民に保障したものとして著名である。しかし、条文から明らかなとおり、もともとは、人民がミリシアを組織して武装するのを保障したものであった。この規定を意識して、極右は自分たちの団体をミリシアと呼び、専制に陥った国家を救うためと称して、武装と暴力を正当化している。そうした彼らの自己認識では、民間人のミリシアは立憲主義の精神に沿った団体なのである。

しかし、合衆国憲法にせよ、その追加条文として制定された修正第二条にせよ、今から二世紀以上も前に作成された法律である。人民の武装を認めた規定があるといっても、それは君主制と争って革命を起こした時代の産物といってよい。近代化によって制定時から大きく状況も変わり、一九世紀になると、ミリシアは万一の場合に市民が政府と戦う軍隊としての性格を失った。そして、次第に正規軍との一体化が進んでいった。ところが、前世紀末、極右は過去に存在したミリシアの伝統を呼び戻してしまった。

なぜ、このようなことが起こったのであろうか。ミリシアの歴史を描くにあたって、本書が出発点とするのは、この疑問である。二一世紀のミリシアの姿を出発点にして、一七世紀の植民地時代に創られたミリシアが、どのような事情のもとに政府の軍隊と極右ミリシア団体を生みだしていったのかをたどる。政府軍と民間武装団体の二つを生みだしてしまった、アメリカ特有の事情を探究したいのである。

ところで、日本で軍隊をテーマとした書を出版すると、どうしても読者は明治国家の徴兵制の軍隊をイメージしてしまう。それは天皇の権威のもと、国家が国民に命を捧げるように要求するものであった。こうした旧日本軍の対極にあるのがアメリカのミリシアで、その特徴は日本に暮らす者には理解するのが難しい。ミリシアは政府の法律で組織されるといっても、民間人の軍隊で、長い歴史の間、兵員の募集から部隊編成まで市民が自発的におこなってきた。日本ではこうしたミリシアの非正規軍としての性格を好意的に評価した著作もある。油井大三郎の『好戦の共和国アメリカ』(二〇〇八年)はミリシアについて、独立革命の理念ともなった共和主義思想とも結びついた軍制で、アメリカに戦争を抑止する非戦の伝統をもたらしたと論じている。

しかし、そうしたミリシアが、植民地期から反乱や暴動を起こし、先住民や黒人、異端のキリスト教徒などに暴虐を働いてきたことも忘れてはならない。アメリカ文化の基層に流れる暴力の衝動は、近年のアメリカ史研究が注目してきたテーマである。そうした新しい研究潮流を代表する歴史家アラン・テーラーは、アメリカ独立革命でイギリスから独立を勝ち取った植民地人が、共和政国家アメリカを建設した後も、独立以前と同じ植民地主義《コロニアリズム》の文化を持ち続けたことを強調している。開拓者たちが定住地を築くとき、いかに暴力的で差別的であったかを、彼は赤裸々に描いている。

今日のアメリカはポピュリズム時代とも呼ばれる。ポピュリズムとは、政治を支配するエリート層が一般市民《ピープル》を欺いていると騒ぎ立て、暴力沙汰もいとわない態度のことである。二一世紀からふりかえってみると、ミリシアは建国期の共和主義だけでなく、今日のポピュリズムにもつながっているように思える。

こうした関心のもと、まず第1章では、世界を震撼させた二〇二一年一月のアメリカ連邦議会の襲撃事件を考察する。現代アメリカの暴力とポピュリズムを理解したうえで、それらの起源をミリシアと関連させて論じたいのである。

ミリシアでもっとも不思議なのは、何といっても、政府が極右ミリシアを取り締まれないことである。その事情をアメリカ特有の国制との関係で論じたのが第2章で、人民の武装権を保障した合衆国憲法修正第二条が成立した背景と、建国期のミリシアの姿を述べる。続く章では、時代を追うごとにミリシアが変容していった事情を描く。第3章では一九世紀前半に起こった民主主義の広がりと移民の大量受け入れを、そして第4章では南北戦争と奴隷解放を述べ、それらがミリシアを建国期とはまったく別の軍隊にしたことを示す。そして第5章では、二〇世紀、世界大戦への対応のなかでミリシアに大変革が起こったことを、短期に終わった徴兵制の問題とあわせて論じる。

このような構成で、ミリシアという日本の読者に馴染みの薄い軍事制度を通して、アメリカの暴力とポピュリズムの歴史を本書は概説する。なお、お読みいただくにあたって、ご了承いただきたいことがある。第一に、本書の記述で中心となるのは陸軍戦力である。アメリカ海軍には、戦時に民間の船と船員を活用する私掠船の制度があり、その発展はミリシアとも関係している。また、州軍のなかには空軍州兵のように空軍を支援する部隊もある。アメリカ軍は陸海空、海兵隊などの多様な組織から成りたっており、それらの組織は独自の歴史と伝統を持っている。本書はアメリカ陸軍の発展をミリシアという観点から論じたものである。

第二に、この書は二一世紀の時点からミリシアの歴史をふりかえったものである。限られた視角からのもので、ミリシアの全体像を描いていない。四世紀にわたるミリシア史を描くこと、そしてそれを小著にまとめること自体が大きな冒険である。この書に取りあげた個々の出来事を正しく理解しようとすれば、その出来事の歴史的文脈をもっと詳細に記さなければならない。読者の誤解を招くおそれがあるためである。このことは、私も重々承知している。

しかし、小著には分厚い専門書と違う役割がある。植民地期からの歴史の流れを一つの軸に、そして同時代の世界の出来事をもう一つの軸にして、アメリカ文化の輪郭をくっきりと浮かびあがらせることである。短い書物でミリシアという軍制の変遷を示し、従来の書とは異なるかたちで、アメリカ特有の社会文化の生成とその特質を提示することが、この書の企図である。

目　次

目次

第１章

現代アメリカの暴力文化

——2021 年米国連邦議会襲撃事件の背景——

2021 年 1 月 6 日，連邦議会前につくられた絞首台

1　猛り狂う暴徒に襲われた人々

「ペンス副大統領を縛り首にしろ」

二〇二一年一月六日、異様な光景がアメリカ連邦議会議事堂に広がっていた。数千人の暴徒が集まり、その一部が議事堂の正面に絞首台をつくりはじめたのである。それは現職のアメリカ副大統領マイク・ペンスを殺害するためのものであった。

議事堂は、第三代大統領ジェファソン（任期一八〇一―〇九年）が「人民主権に捧げられた最初の殿堂であり、アテネ風の様式で、アメリカの進む道がアテネの運命を遙かに超える未来を持つことをたたえている」と述べたものである。彼が大統領になって二二〇年後、この建物の前に暴徒が集まり、副大統領に死の脅迫をおこなうなど、誰か予想できた者があったであろうか。

ジェファソンの生きた時代には想像すらしえなかったことであろうが、絞首台をつくろうという動きは、ソーシャル・メディアで広がった。事の発端は、前年の一二月一九日、この国の大統領トランプが「一月六日に大規模な抗議集会がある。集まって激しくやれ」と自身の支持者に呼びかけたことにある。すると、たちまちソーシャル・メディア上で絞首台づくりが話題になった。国を裏切っている悪者どもに、自分たちを怒らせたら、どんな制裁が待っているかをわからせるためである。

何が、これほどまでに過激な行動をとらせたのか。トランプが言った一月の集会は、その二カ月前におこなわれた大統領選挙で大規模な不正があったことを訴える場であった。一月六日が開催日となったのは、この日の午後、連邦議会で選挙結果の確定手続きがおこなわれる予定であったからである。集会に集まった人々は、連邦議会に選挙での不正を訴えて、トランプ敗北という公表された開票結果を覆そうとしたのである。

選挙確定手続きで議長を務めるのが、ペンス副大統領であった。トランプ支持者はペンスに、トランプが選挙に勝利したと決定するように圧力をかけていた。そして、そうしないと殺害すると脅したのである。

トランプ支持者の集会は「アメリカを救うための行進」と銘打たれ、六日正午、ホワイトハウスの南側にある「楕円《イリプス》」と呼ばれる広場で始まる。そこに集まった大群衆の前に現れたトランプは、その一部が銃や爆弾を持っているとの情報があったにもかかわらず、「死ぬ気で戦え」と人々に訴えた。

アメリカの首都ワシントンは小さい街である。「楕円」から連邦議会議事堂まで歩いて四〇分ほどの距離しかない。いきり立ったトランプ支持者は午後一時過ぎには連邦議会で暴力をふるいはじめた。午後二時になると、暴徒化した人々が議事堂内で無法を尽くす。

トランプはソーシャル・メディアで、自身の副大統領であるペンスが「われわれの国と憲法を守るために、なすべきことをなす勇気がない」となじっていた。トランプ支持者はそれに煽られたのである。暴徒化したといっても、彼らを動かしたのは、選挙の不正をただそうという正義感であった。ジェファソンの言った人民主権の殿堂で、彼らは人民の正義を示そうとしたのである。それは、アメリカの人民主権とは何かを生々しく示した瞬間であった。

「選挙結果を認めない者《エレクション・ディナイアーズ》」——大統領のウソが招いた暴力

携帯電話が人々の必需品となった時代、暴徒の動きは瞬時に議事堂内の人々の知るところとなった。トランプ支持者は議事堂前に絞首台を設置し、警官隊に暴力をふるいながら「ペンスを殺せ」と叫んで議会に侵入する。ペンス副大統領はもとより、連邦議員たちにも、切迫した状況が伝えられた。

二〇〇一年から二〇〇九年まで副大統領を務めたディック・チェイニーは、このとき娘リズの身を案じていた。リズが下院議員として議事堂にいたためである。彼女は議場で、トランプ大統領が選挙不正の証拠を何ら示さず、ただ支持者を煽動して選挙結果を覆そうとしていることを糾弾する予定であった。「楕円」の集会でトランプは、真の大統領選挙当選者が自分であるのを認めない連中が議員のなかにもいると叫び、リズを名指しで非難した。それを聞いた父は、暴徒の襲撃があると娘に電話する。議場にいた多くの人々のもとには、同様の連絡が殺到した。暴徒は副大統領だけでなく議員たちも襲おうとしていた(図1-1)。

図1-1　連邦議会を襲撃するトランプ支持者たち

　人民の代表が集まった議会に暴力で脅しをかけて、おのが望むものを手に入れるなど許されてよいわけがない。現職大統領がその地位を守るため、自分の支持者を集めて議会を襲撃させるなど、民主主義を否定する暴挙である。しかも、議会が襲われかねないことは、事前にわかっていた。トランプは大統領になる前も、そして大統領になってからも、ウソばかりついてきた男である。大統領選挙で敗北しても負けを認めず、選挙で不正があったと言い立てることは、最初からはっきりしていた。

　トランプの側近は、選挙に負けたときの対策を検討していた。選挙戦終盤、トランプの敗勢がはっきりすると、側近の一人スティーヴン・バノンは、敗北したなら選挙で不正があったと裁判所に訴えて、開票結果を確定できなくすればよいと考えていた。もし開票結果が揃わなかった場合、次期大統領は合衆国憲法の規定に沿って議会が決定することになる。その場合、トランプ勝利が可能と見込んだのである(『朝日新聞』二〇二一年七月二一日)。

トランプはこの筋書きの通りに行動した。選挙で勝ったと国民の前で言い張る一方、勝つために必須な州の開票を裁判で遅らせようとした。投票された票が数えられずに破棄されたとか、死んだ人間が投票したことになっているとか主張したのである。しかし、裁判所の納得する証拠を何も示せず、ついに開票結果は確定してしまう。

ただの悪あがきであった。しかし、大統領がついたウソは、暴力の渦を巻き起こす。選挙に大がかりな不正があったと叫び続けたことで、その言葉を真に受けて、不正をおこなった者、さらには不正をただそうとしない者に対して、制裁を加えようとする者がではじめた。

アメリカの選挙では開票の総責任者は各州の州知事、そして知事を支える州務長官である。トランプはジョージア州の州務長官ブラッド・ラフェンスパーガーに猛烈な圧力をかけた。それはジョージアがトランプ勝利のため、どうしても落とせない州であったためである。しかし、ラフェンスパーガーは、不正があるので開票をやめろとトランプがどれほど言っても、証拠がない以上、中止はできないとして、開票を続行した。

トランプ派は激高し、州務長官や州知事のみならず、票の集計作業をおこなっている人々さえも、国家を裏切る反逆者と責めたてた。ソーシャル・メディアで彼らの名前や家族のことが拡散された。その一部には、絞首台の縄の写真とともに投稿した、あからさまな暴力の脅しもあったという。こうした脅迫はジョージアに限らず、トランプが敗れたところでは広く見られたものであり、バイデンの大統領就任が確定した後も続く。そのあまりの激しさに、各地の警察は、これ以後の国政選挙で、投票や開票の作業にかかわった人々が暴力被害にあわないように、厳戒態勢を取ることとなった。

「ガードマン」出動――国防総省の混乱と逡巡

二〇二〇年末から選挙関係者への脅迫が横行していたから、開票結果を確定する一月六日に大規模な騒乱が起きることは、当然予想されていた。

トランプが自分を支持する人々に参加を呼びかけた集会は、数千人の参加が見込まれた。その一部が暴徒化したなら、首都ワシントン特別区の地元警察に鎮圧する力はない。隣接するヴァージニア州やメリーランド州から応援を得なければならなかったが、警察だけで武装した暴徒を押さえ込むことができるかどうか、わからなかった。このためワシントンの行政と警察の関係者は、当日の警備にあたって軍に協力を求めていた。

ちなみに、アメリカにおいて軍政の中心である国防総省は、首都ワシントンではなく、ヴァージニア州にある。ワシントンが官庁を主体とした小さな街であるため、ポトマック川を挟んでワシントンを対岸に臨む場所に置かれたのである。

国防総省幹部にとって、一月六日の首都警備は悩ましい問題であった。政党間の争いに軍が中立を保つのは、民主主義国家が守らねばならない大原則であったためである。しかし、トランプ派にも反トランプ派にも、軍を味方にしようとする動きがあった。また、軍人や軍官僚のなかにもトランプを支持する者、支持しない者がいた。

軍が政治に厳正中立を保つのが、難しくなっていた。先に述べたとおり、大統領選挙戦の最中から、トランプはどんな手段を使ってでも、大統領に居座ろうとしていた。こうした動きを察知して、反トランプ派のメディアには、もしトランプが不法な手段にでたとき、軍はトランプを止めるために毅然とした態度を取るべきと訴える声もあった。

軍をめぐる思惑が渦巻くなか、大統領選挙の投票から一週間がたったとき、国防総省に激震が走る。国防長官マーク・T・エスパーが解任されたのであった。その理由を多くの者は、エスパーがトランプの居座り工作に協力しそうにないためではないかと疑った。そして、開票作業を裁判で中止させるのが難しくなると、トランプ派から、軍に期待する声があがる。元陸軍中将マイケル・T・フリンは、開票作業を続ける投票所を軍が占拠して、実質的に選挙をやり直してはどうかと主張した。

一二月一八日、陸軍長官ライアン・マッカーシーと参謀総長ジェイムズ・マコンヴィルが共同で声明を発表した。軍の最高幹部として、フリンの唱えた投票所占拠に反対するためである。彼らは「連邦の軍隊がアメリカの選挙結果の確定で果たすべき役割は一切ない」と断言した。こうした軍の立場をより強くするため、一月三日、解任されたエスパーをはじめ一〇人の歴代国防長官が『ワシントン・ポスト』紙に声明を発表する。それは、開票結果はすでに定まっており、それを争う時期は終わっていると述べたうえで、文民であれ軍官僚であれ、開票をめぐる争いに軍を巻き込もうとするなら、刑事罰に問われると警告した。

こうしたなかで、軍に首都警備の応援が要請されたのである。軍幹部にとって、連邦政府の正規軍がトランプ派と反トランプ派の闘争に巻き込まれるのは、何としても避けたかった。トランプ支持者の一部が、連邦政府に憎悪と呼べるほどの敵愾心《てきがいしん》を燃やしていたからである。トランプ派に不法な暴力をふるったと思われたなら、トランプを支持する武装団体が連邦政府へのテロを起こしかねなかった。

そこで陸軍が警備のために送り出したのが、州軍であった。合衆国憲法で規定されている、政府軍としてのミリシアである。英語で略せば「ガードマン」とも表現される、この部隊なら、警備にうってつけと思われた。地域の治安を守る地元住民の組織であり、前年夏、人種暴動の発生が懸念されたときにも出動していた。

ガードマンの配備にあたっても、軍は慎重な姿勢を崩さなかった。六日の朝に配備されたのは、わずか三四〇名である。暴動阻止にまったく不十分な人員であった。そもそも陸軍は動員にあたって、暴徒鎮圧に必要な棍棒や盾などを装備するように指示しなかった。部隊の主要任務を交通規制などに限ったのである。

このことは、連邦議会襲撃事件を調査した下院調査委員会の報告書によって明るみにでる。現場に派遣された部隊責任者は万一に備えて、暴動鎮圧の装備を装甲車に用意していた。しかし、陸軍が議事堂の救援を命令したのが遅れたため、部隊が現場に到着したのは午後五時すぎになってしまった。このころまでには、警察が中心となって暴徒排除を終えようとしていた。ワシントン特別区の区長ミュリエル・バウザーは暴徒が連邦議事堂を襲いはじめると、ただちに軍に救援を要請していた。これを受けて、ワシントン特別区のミリシアの増派だけでなく、メリーランド、ヴァージニア、ニューヨーク、ニュージャージー、デラウェア、ペンシルヴェニアからも、州軍を動員することが決まっていた。しかし、それらの兵士はもっぱら警察のサポートにまわったのである。

ミリシアの展開が遅れた一番の原因は、国防長官エスパーの解任にある。長官がいないため、国防総省の意思決定が混乱した。また、軍幹部が暴徒との対決を避けようとしたのも、原因の一つである。この前年の六月、ワシントンの州軍部隊がデモ隊に対してヘリコプターを低空飛行させて追い払っていた。メディアがこれを市民への暴力と激しく非難したため、軍は抗議する人々との衝突を躊躇したのである。

しかし、こうした事情があったにせよ、軍の失態は隠せなかった。暴徒排除が完了した後、議場では選挙確定の手続きが再開し、日付が変わった深夜に新大統領としてバイデンを選任する。この決定を見るまでに、連邦議会の建物や装飾品、備品や書類などが破壊され略奪された。ペンス副大統領も議会内にいた議員たちも、テロ攻撃に備えて設けられた施設に逃げ込んだりして無事であった。それでも彼らは命からがらの避難を余儀なくされた。

暴徒鎮圧の最前線で戦ったのは、議会守護のために設置された連邦議会《キャピトル》警察である。その職員であったブライアン・シクニックは殉職する。暴徒も一人が射殺されたほか、四人が発作などで命を落とした。軍がワシントン特別区の警察と十分な協調ができていれば、こうした被害は避けられたかもしれない。

2　二一世紀アメリカのポピュリズム——何が社会を蝕んでいるか?

トランプ支持の背景——醸成された煽動の文化

「アメリカを救うための行進」に参加した人々のなかには、騒乱を起こすことだけが目的の過激派もいた。しかしその多くは、トランプが選挙に勝ったと本当に信じて、議会に正しい決定を求めていた。

暴徒化した人々が、ペンス副大統領やトランプ勝利を認めない議員に、どれほどの暴力をふるうつもりであったのかは、わからない。ただ、彼らはトランプの言う「愛国者」として振舞い、トランプに「激しくやれ」と言われたので、それにしたがったのである。

議事堂で暴れていた人々を警察が排除できたのも、トランプ大統領の指示と関係している。議会が自分の当選を認めることがないと、はっきりしはじめたとき、トランプはソーシャル・メディアへ投稿する。午後四時過ぎであった。選挙は不正であるし、集会参加者の愛国主義は称えられるべきとしたうえで、議事堂にいる者に立ち退くように求めた。午後六時にも同様の投稿をする。これに応えて人々は、警察との対決をやめた。

トランプ支持者のそうした態度を、カルトと評する論者がいる。トランプを絶対に信じて疑

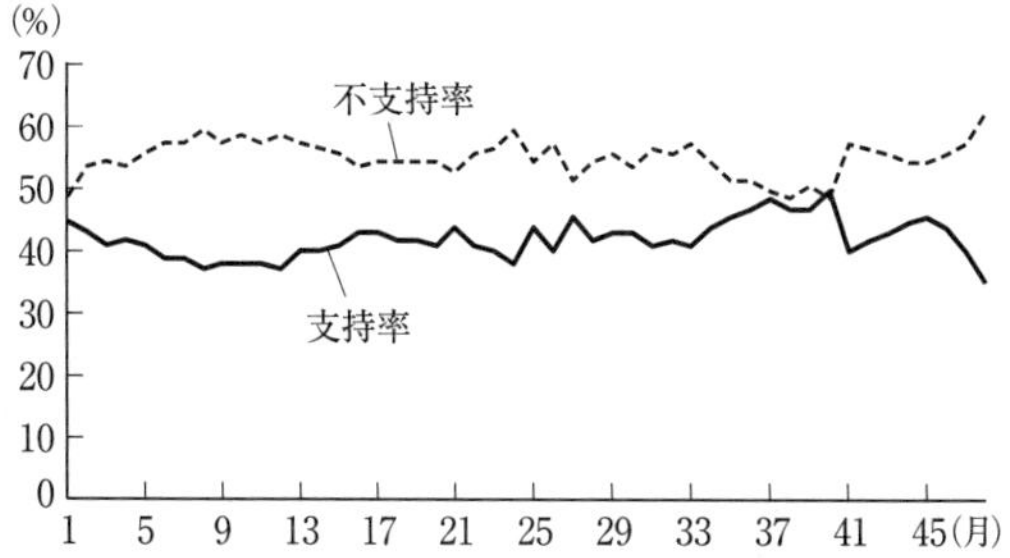

図 1-2　トランプ支持率の一月ごとの推移(2017-21 年)

わないからである。指導者に言われるまま、何も考えないで暴力行為をおこなうとすれば、確かにそれはカルト宗教の信者のようである。

ただし、そうしたエキセントリックな一部の者のみが、トランプ支持者ではない。トランプは不人気であった。しかし、国民から一定の支持を確保し続けた。図1-2はギャラップ社がおこなった支持率調査である。トランプの支持率が五〇%を超えることはなく、平均支持率は四一%である。一方、不支持率は五〇%を下まわることは珍しかった。連邦議会襲撃事件の前後には不支持率が六二%に達したが、支持率は三四%もあった。三人に一人がトランプ支持をやめなかったのである。

政治家として、人を魅了するものがトランプにあったのか。この点を明快に解説しているのが、ロジャー・ストーンである。ストーンはトランプ側近の一人で、選挙で勝つためなら違法なことも平気でする男である。二〇一六年大統領選挙では、その不正の一端が明らかになり、実刑判決を受けている。

ストーンによれば、トランプは選挙で有権者はオタクっぽい細かなことなど気にとめないと見抜いていた。大衆が関心を持つのは「大きなこと」で、取り上げる争点や見方も大きい方が良いことが、わかっていたというのである。

大きいこととは何か。ストーンは二〇〇〇年の大統領選挙を例に説明している。このときトランプは、プロレスラーであったジェシー・ヴェンチュラの誘いで、改革党から大統領候補になろうと考えた。しかし、有力ライバルとしてパット・ブキャナンがいたため、その追い落としが必要であった。このため、トランプはブキャナンがナチス・ドイツの支持者であるとウソをつき、このウソを全力で広めたのである。ブキャナンは、第二次世界大戦開戦前夜の一九三八年時点では、ヒトラーはアメリカにとって脅威ではないと述べたことがあった(Stone, *The Making of the President 2016*, pp. x, xxii-xxiii)。それを、マスメディアが飛びつきそうなかたちに極端にゆがめて宣伝したのである。

選挙の際に、ウソや歪曲された情報で政敵を攻撃することは古くからあった。しかし、選挙でもないときにウソの情報を流し、敵対政党への不満や不安を煽るのは、まれであった。そんなことをすれば、政党間での暴力が過熱化し、抑えられなくなるためである。しかし、一九九〇年代に入ると、共和党は、民主党が人種平等やフェミニズムの観点から、特定の価値観を押しつけていることを問題にして、人々を扇動しはじめる。

そのきっかけをつくったのが、トランプに攻撃されたブキャナンである。ブキャナンは一九九二年大統領選挙で、民主党の大統領候補ビル・クリントンと副大統領候補アル・ゴアについて、同性愛者の味方と決めつけた。そして、この選挙は、単なる政治的戦いを越えて、同性愛や妊娠中絶など宗教や文化が関係する「文化戦争」であり、アメリカ国民はアメリカ本来の価値観を守るために結集しなければならないと訴えた。それは一九九二年八月に開かれた共和党全国大会における演説であった。

このように共和党が有権者を煽動しはじめると、あからさまな虚偽の報道（フェイク・ニュース）をするメディアが現れる。当初はラッシュ・リンボーなどが司会するラジオ局番組が主体であったが、二一世紀にテレビ局、そしてインターネット放送へ広がる。トランプを支持したテレビ局としては、ＦＯＸ・ニュース・ネットワークが有名である。ＦＯＸは二〇二〇年大統領選挙で、それがウソと知りながら、投票で不正があったと報道していた。このことは、二〇二三年二月、同放送局を所有するルパート・マードックが裁判で認めたことで、白日の下にさらされる。

トランプの才能は、わかりやすく効果的にウソをついて、人々を煽り立てることにある。文化戦争は「ウソと煽動の文化」を生みだし、そのことが彼の政界進出を準備した。

政府への暴力を許容する国民意識

政治家やメディアによって、ウソや誇張された情報が流布するようになると、危険な社会変化が起きる。政府が不正をただすことができないなら、不正を起こしている人々に、民間人が制裁を加えても、やむをえないと考える人々が急増したのである。

二〇二二年一一月一三日、『ニューヨーク・タイムズ』紙は、この問題について論説で警鐘を鳴らした。「不安を抱かせるほど多くのアメリカ人が、政治問題での暴力を許してよいと考えている。たいていの場合、あるいは常に、許されるというのである。とてつもなく甘い暴力への態度は、民主政治に対する直接の脅威である」。論説はこう述べたうえで、政府関係者へのテロを起こしかねない極右ミリシア団体の危険性を指摘した。極右が軍人や警官に支持者を広げているというのである。

同紙が二〇二〇年に調査したところ、極右ミリシア構成員の少なくとも四人に一人が、軍務経験者であった。たとえば、連邦議会襲撃事件で射殺されたアシュリ・バビットも、空軍に勤務した元軍人である。彼女は警官が制止するのを聞かずに、議員たちのいる下院議場に通じた場所に押し入ろうとして撃たれた。『ニューヨーク・タイムズ』紙によれば、連邦議会襲撃事件で逮捕された九百人以上のうち、一三五名が軍や警察に勤務した経験があった。

考えてみると、二〇二一年の連邦議会襲撃は、トランプ当選を認めない副大統領や議員に対する政治的暴力であった。この事件に先立って、選挙関係者への脅迫が起きていたことは上述した。そうした政治家や政府関係者への暴力に寛容な風潮が二一世紀に生まれてしまっていたのである。連邦議会襲撃事件で暴徒を煽動したトランプに、いまでも支持が一定程度存在するのは、この風潮が関係している。

ちなみに、こうした暴力文化を理解するうえで、注意せねばならないことがある。暴力に寛容なのが、トランプを支持する共和党員や右翼だけではないことである。人種の平等を求める民主党員や左翼も、社会正義を実現するための暴力に甘い態度をとっている。

事例をあげてみよう。二〇二〇年五月、ミネアポリス警察の白人警官がジョージ・フロイドを逮捕したとき、不当な暴力的拘束をもちいて死亡させてしまった。これに抗議して、全米各地で暴動が発生し、警官隊、州軍部隊との衝突が繰り返された。

そうしたなかワシントン州シアトル市では、暴動が起こっている地区から警察が撤退してしまう。アメリカでは警察を自治体が組織している。民主党が首長になっている自治体では、抗議活動が民主党支持者によっておこなわれている場合、暴動化しても警察の介入を避けるところがある。そうした自治体のなかでも著名なのが、シアトルであった。この市のキャピトルヒル区では、同年六月、抗議者たちとの抗争を避けようと、この地区にあった警察施設から警官を退去させた。すると抗議団体は、この地区は自分たちが運営する自治区であると宣言する。

そこでは警察が不在のために暴力事件が多発するなど、治安が悪化してしまった。地元の民主党はこうした事態が起こるのを許したのであった。

さきに、一九九二年の「文化戦争」演説をきっかけに、共和党と民主党の間で、相互に憎しみあう風潮が広がったことを述べた。実は、この演説から三カ月半ほど前、ロサンゼルスで大暴動が発生していた。暴動の原因は、自動車のスピード違反の疑いをかけられたロドニー・キングという黒人男性が、白人警官によって暴行されたことであった。この事件をめぐる裁判で、警官たちに無罪判決がくだると、死者五〇名以上、負傷者二三〇〇名以上、逮捕者一万五二〇〇名におよぶ大騒乱が発生した。

民主党系の知識人のなかには、この暴動を人種差別に反発した人々の反乱として理解する者もある。それは、暴動の責任を、暴動を起こした人々にではなく、人種差別を放置する政府や警察、裁判所に求めようとするものであった。左翼や民主党のなかにも、政府への暴力を容認する風潮が広がっていたのである。

民間ミリシアの創設運動——連邦警察への不信、そして民主党政権への憎悪

ここで本書のテーマとなっているミリシアに視点を移し、前世紀末に民間団体としてのミリシアが台頭した背景を述べてみよう。

民間人が創ったミリシアの多くは、民主党を敵視する極右団体である。このため、人種や性の平等を唱えている民主党の左派的姿勢に不満を持つ者が集まって、極右ミリシアを創ったと考えてしまいがちである。しかし、民間ミリシアの創設運動が巻き起こる発端は、民主党とはまったくかかわりのない銃撃事件であった。

その舞台は、人もまばらなロッキー山脈の山中にあるアイダホ州ルビーリッジであった。ここで、連邦政府の警察機関への不信や不満が爆発する出来事が、一九九二年八月に発生した。ランディ・ウェヴァーは、ルビーリッジで家族とともに近隣住民から孤立した生活をしていた。彼は銃砲の不法売買で有罪になってしまい、犯した罪のために金銭支払いが求められた。現金のない彼は、所有する自宅が没収されるのを怖れて、裁判所の呼び出しを拒む。このため、連邦保安官と連邦捜査局（FBI）、それに連邦政府機関である「アルコール・タバコ・爆発物取り締まり局」の職員が拘束しようとしたが、彼の家族や友人と銃撃戦になってしまった。ウェヴァーの息子が死亡し、連邦保安官代理一名が殉職したのである。息子を殺されたウェヴァーは、一一日間、所有地に立てこもり、その間、ウェヴァーの妻も射殺された。

悲惨な事件であった。ただ、この事件が広く注目されるようになったのは、事件の被害以上に、連邦政府の失態によってであった。第一に、ウェヴァー逮捕は、彼を危険人物と考えた連邦政府のおとり捜査によるものであった。また第二に、連邦政府職員はウェヴァー拘束のために監視を続けており、彼の息子が殺害されたのも、監視に気づいたからであった。銃の不法売買をおとり捜査で誘った後、裁判で有罪判決がくだると監視し、監視を気づかれると銃撃して子や妻まで殺したのである。

立てこもり事件がウェヴァーらの投降によって決着した後、FBIの不当捜査が問題になると、FBIは事件の真相を隠蔽するかのような対応をした。FBI自身が実施した内部調査では報告書が公開されず、捜査関係者への責任追及も軽かった。多くの疑問が残るなかで開かれた、立てこもり事件の裁判は、違法捜査が問題にされて、ウェヴァーに無罪判決がおりる。問われることになったのは連邦政府の罪の方で、ウェヴァーの家族を殺害したことへの訴訟が起きた。

ちなみに、ルビーリッジ立てこもり事件が起こったのは、ブキャナンが文化戦争演説をした四日後である。ブキャナンはアメリカ本来の価値観が問われていると訴えたが、ルビーリッジ事件は、連邦政府が市民生活に不当な介入をしている、何よりの証拠であった。共和党を支持する団体は、市民の自由が危険にさらされていることに、こぞって懸念を表明した。

この事件の発生から二カ月がたった一〇月二三日、ピート・ピーターズ牧師の呼びかけで、コロラド州エステスパークに、右派のなかでも過激な集団が集まる。この会合で提案されたのが、政府の不法行為に抵抗する「小規模の武装ミリシア」を全米各地で創設することであった。

レイン・クロザーズによれば、このミリシア創設でモデルとされたのは、第二次世界大戦時の対独レジスタンス運動であった。指導者が決定をおこない、その決定にしたがって行動するのではなく、一つ一つのミリシアが自由に目標を選んで活動していく――そうした指導部なき抵抗が理想とされたのである。このエステスパーク会議に参加したのは、クー・クラックス・クラン（KKK）などの人種差別団体や銃規制に反対する団体であった。アメリカ伝統のミリシアを創設せねばならないと訴えた人々は、ナチス・ドイツと戦ったレジスタンスの英雄的闘争を引きあいにだしながら、政府からの自由を訴えた。しかし、そうした人々の真の姿は偏った政治的見解を持つ人々なのである。

ルビーリッジ事件から半年後、今度はテキサス州で立てこもり事件が起きる。「ウェーコの虐殺」とも言われるものである。ブランチ・ダヴィディアンという宗教団体が多数の違法な武器を所有している疑いを持たれて、連邦政府が捜索をおこなおうとした。すると、この団体の信者は激しく抵抗し、五一日間の立てこもり事件となった。FBIが施設の制圧を開始すると火事になり、女性や子供を含む、少なくとも七五人が犠牲になった。

ルビーリッジ事件をきっかけに提唱された民間ミリシアの創設運動は、このウェーコの虐殺で拍車がかかる。ウェーコ事件が起きたのは、ブキャナンによって非難されたビル・クリントンの政権が誕生した直後であった。ルビーリッジ事件は共和党のブッシュ政権下の事件であったから、民間ミリシアの創設運動が反民主党を目的として進められたわけではない。また、クリントン政権がウェーコ事件に大きくかかわっていたわけでもない。しかし、ミリシア創設を求めた活動家たちは、クリントン政権下、民主党への集中攻撃をはじめた。

その理由は、共和党が毛嫌いする法律が次々と制定されたためである。その一つは、文化戦争演説で問題にされた同性愛と関連していた。クリントン大統領は政権の一年目に、アメリカ軍の人事政策を緩和して、同性愛者の軍勤務を認める方針を打ち出した。もう一つは、医療保険改革である。これは国民の金銭的負担を増やし、政府規模を大きくするものである。この二つのいずれもが極右を刺激したが、さらに猛烈な反発を招くことになったのは、ブレイディ法(一九九四年発効)である。

この法律は、一九八一年に起こったレーガン大統領の暗殺未遂事件をきっかけに制定されたものである。ブレイディとはレーガンの報道官を務めたジェイムズ・ブレイディのことで、彼はレーガンと一緒にいたところを撃たれて、終生、身体の麻痺に苦しめられることになった。ブレイディを撃った犯人は犯罪歴があり、不正な身分証明書で銃を購入していた。このため、事件後、犯罪防止を目的として、事件を起こす可能性の高い者に銃砲を売ることの規制が唱えられるようになった。一二年に及ぶ地道な立法努力の結果、ブレイディ法は成立し、銃砲の売買にあたって購入者の犯罪歴や病歴等をチェックすることになった。

この法律は、大統領暗殺事件の教訓を受けて成立したものであった。しかし、ミリシア団体の創設運動に参加した人々は、違う見方をした。合衆国憲法修正第二条で認められた神聖な権利、つまり専制化した国家権力への抵抗手段である武装の権利を、政府が市民から取りあげようとする「陰謀」に映った。

ウソで大衆を扇動する政治家と、それを取りあげるメディアが増大するなかで、この陰謀を信じる者は増大した。ウソと煽動、そして暴力をポピュリズムの特徴とするなら、ミリシア創設運動は、まさにその申し子であった。

3　ポピュリズム時代の民間ミリシア——革新されたミリシアの伝統

政党間の政争で盛衰する極右ミリシア

一九九二年から始まった民間ミリシア創設運動は、差別主義的思想に染まった白人たちが中心の活動であった。「陰謀」を進めている民主党のクリントン政権に対抗するために、全米各地で彼らはミリシアを組織したのである。

しかし、差別主義者は、所詮、少数の過激な人々である。そうした人々が組織したミリシア団体が大規模になることはありえない。ミリシアの数がピークに達したのは一九九五年から一

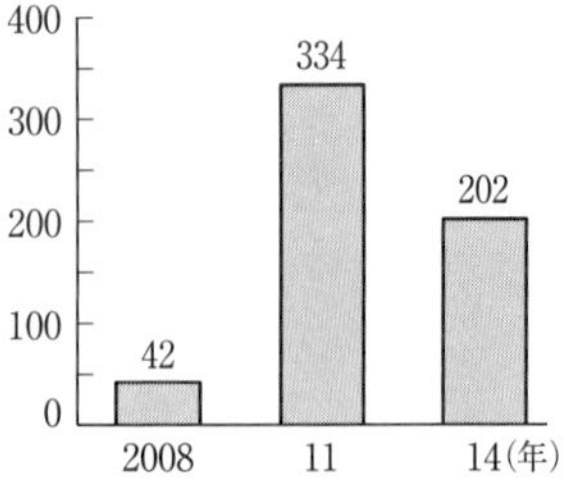

図 1–3　オバマ政権期におけるミリシア団体の増減

九九六年で、八百団体に達したという(Lane Crothers, *Rage on the Right*, p. 88)。

そして、創設運動から三年で減少に転じた。そのきっかけは、「はじめに」で述べた一九九五年四月一九日に起きたオクラホマシティでの連邦政府ビル爆破事件である。爆弾テロを起こした犯人がミリシア団体員であったため、民間ミリシアは危険団体という認識が広まった。

二〇〇一年に共和党のジョージ・W・ブッシュが大統領になったことも、ミリシア運動が衰退した理由の一つである。クリントン政権期、共和党は有権者の民主党離れを起こすため、民主党が邪悪な企みをしていると、根拠のない陰謀論を煽り立てた。しかし、共和党が政権を獲得すると、そうした陰謀論を広める必要が薄れた。また、二〇〇一年、イスラム教過激派による同時多発テロ事件が勃発した。このこともミリシア団体の存立を難しくする。アメリカ国内でのテロを阻止するために、ブッシュ大統領はアメリカ国内の武装団体を厳しく監視したのである。

ところが、こうした状況が二〇〇九年に一変してしまう。民主党のオバマ政権が成立したためであった。

共和党の一部は、以前よりもいっそう過激なウソを撒き散らして民主党攻撃をはじめた。民主党を敵視する極右ミリシア団体も二〇〇八年大統領選挙の前後に次々と生まれた。本書の「はじめに」で述べたオース・キーパーズやスリー・パーセンターズが組織されたのも、このときである。二〇一一年、極右ミリシアはブッシュ政権の最終年に比べると約八倍の数となった。これは、二〇一〇年選挙で、共和党右派の候補者が猛烈なオバマ批判をしたことと関係がある。ただ、それでも、連邦議会下院で共和党が多数派になると、その数は減少した(図1―3)。共和党右派が広める陰謀論を信じて武装団体に加入する市民など、限られた少数派に過ぎないのである。

こうした政党政治の影響を考えれば、二〇一六年大統領選挙で共和党が勝利すれば、ふたたびミリシア団体は衰退するはずであった。ところが、共和党のトランプが当選しても、ブッシュ時代を遥かに上まわるミリシア団体が存在したままになっている(図1―4)。

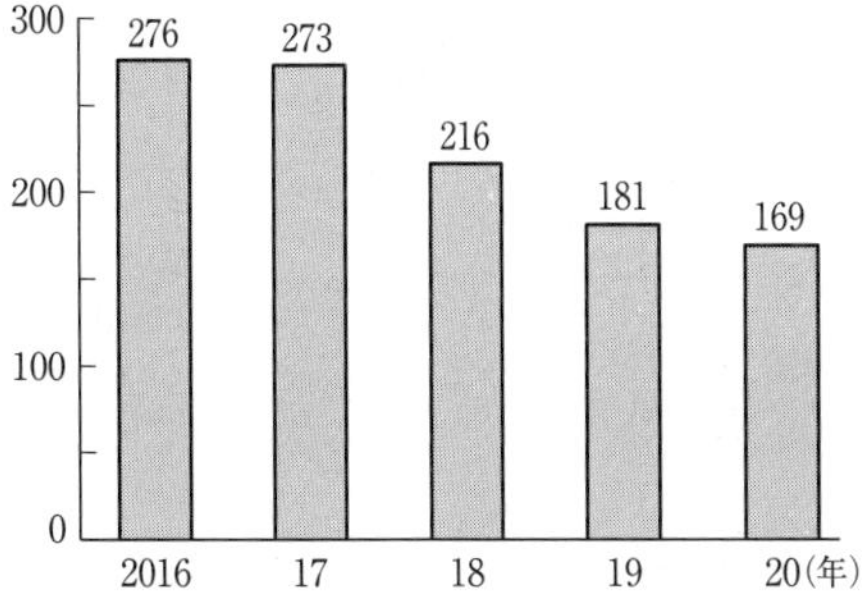

図1-4　トランプ政権期におけるミリシア団体の増減

この理由は、トランプがこれまでの大統領とはまったく異なる対応を、極右ミリシア団体に対してとったことにある。トランプは二〇一六年大統領選挙のときから、右派の暴力に寛容な態度をとり、大統領就任後もとり続けた。

例をあげよう。二〇一六年八月一〇日、大統領選挙戦の最中にあったトランプは、爆弾発言をする。民主党が大統領選挙に勝ったら連邦最高裁人事を好きにしてしまうと述べたうえで、「多分、これを止めることができるのは合衆国憲法修正第二条を支持する者だけ」と言ったのである。これは、アメリカに暮らす人々の眉をひそめさせる発言であった。合衆国憲法修正第二条を支持する代表的な者をあげれば、極右ミリシアの構成員である。トランプは、対立政党である民主党へのテロを容認するかのような発言をしたのであった。これには非難が殺到した。しかし、ミリシア団体は自分たちを激励してくれたと感激したのである。

トランプは大統領就任後も、こうした発言を繰り返す。白人至上主義団体にも良い人間がいると発言した。また、二〇二〇年大統領選挙でバイデン候補との討論会に臨んだときは、「アンティファ」と呼ばれる左翼団体に誰かが何かをしなければならないと言い切って、白人至上主義団体である「プラウド・ボーイズ」に、行動のために待機せよと述べた。連邦議会襲撃事件において、プラウド・ボーイズや、有力ミリシア団体であるオース・キーパーズが尖兵になったのは、こうしたトランプの言葉に応えてのことである。

トランプがプラウド・ボーイズやオース・キーパーズと、どれほど直接のつながりがあったのかは、わからない。しかし、オース・キーパーズの指導者であるスチュワート・ローズは、二〇二〇年大統領選挙戦において、トランプの大統領再選に向け、私兵のような活動をしていた。反トランプ派がトランプ陣営を暴力で攻撃するのに備えて、オース・キーパーズの構成員に武装を指示していたのである。

民間ミリシアは合法的存在か？——武装をめぐるアメリカの法制度とその実際

大統領の集会を武装した政党支持者が警護するトランプ期のアメリカは、ワイマール憲法期のドイツと似たところがある。一九二〇年代のドイツでは、ナチスや共産党などの政党員たちが武装して、敵対政党と暴力抗争を起こしていた。

原田昌博はその著『政治的暴力の共和国』（二〇二一年）で、ナチス政権による苛烈な暴力の起源を探っている。この書では、一九二〇年代のドイツ社会に政治での暴力を許容する文化が醸成されたこと、そしてそうした文化的土壌のもとに、ナチス政権期の暴力による支配が可能になったことが論じられている。これまで私が述べてきたことをふりかえると、前世紀末から二〇一〇年代のアメリカでも、暴力文化の醸成があった。政治の不正をただすためには暴力をふるってもいいとする文化が広がったのである。

こうした背景のもとに、二〇二一年の連邦議会襲撃事件は起きた。この事件で襲撃の先導役を務めた民間ミリシアは、決して古くからあったものではない。一九九〇年代に創設ブームが起きた新興団体である。

このような暴力文化の広がりを抑えるための努力は、これまで何もなされなかったのであろうか。過激主義者の武装集団である民間ミリシアは、誰が見ても危険である。

今日のドイツでは、危険団体を取り締まる法制度が整備されている。ナチス支配と冷戦を経験したからである。早くは、ナチスが台頭する一九二〇年代から、ウソや煽動、暴力沙汰を取り締まるために、政党集会や表現の自由を法律で制限する動きが広がっていた。政治学者カール・レーヴェンシュタインは、そうした自由の制限を「戦う民主主義」の名の下に正当化した人物である。彼は、過激団体と戦うためには、民主主義社会を守ろうとする人々も戦う覚悟を持たねばならないと説いた。この考えに沿って、第二次世界大戦後のドイツでは、その憲法に、人間の尊厳を認めない結社を禁止し、人権理念に背いた表現を制限する条項を盛り込むことになった。

アメリカでも、ドイツの場合と同じように過激団体を取り締まれないのであろうか。研究者のなかには、現在のアメリカの法制度でも可能と説く人々がいる。ジョージタウン大学憲法擁護研究所(Institute for Constitutional Advocacy and Protection)は、全米五〇州の州法と州裁判所の判例を精査して、すべての州に民間ミリシアを取り締まる法律があることを明らかにした。その法律は大別すると三つある。
(1)州憲法で、軍事組織を州政府の管轄下に置くもの
(2)州法で、民間の軍事活動を規制したり、非公式の軍事組織《パラミリタリー・ユニット》を犯罪としたりするもの
(3)州法で、制服を着て警察や軍隊の職務を代行しようと偽りの活動をするのを禁止するもの
である。州から活動の許可を受けていないミリシアであれば、この三つのいずれかに沿って、その違法性を問題にして取り締まることができる。

しかし、実際に民間ミリシアが規制されることは、滅多にない。なぜなら、武装した民間人が仲間と自衛のための訓練をしただけでは、犯罪にならないためである。合衆国憲法修正第二条がある以上、武装は合法である。訓練が特定の団体や人々を傷つける意図を持っておこなわれていると証明されないかぎり、民間ミリシアが規制対象になることはない。州政府や検事にとって、暴力事件が起きる以前に、そうした意図を証明するのは非常に難しい。

しかもアメリカでは、裁判所の判事や検察官、警察の責任者を、選挙で選ぶところが多い。共和党支持者が多い地域で、十分な証拠もないままにミリシアを取り締まってしまうと、これらの職にある人々は有権者の反発を買い、次の選挙で職を失ってしまいかねない。

さらに言えば、警察や司法関係者のなかに民間ミリシアの活動に理解を示す人々がいる。二〇一二年二月二六日、フロリダ州サンフォードで黒人高校生トレイヴォン・マーティンが射殺

された。撃ったのは自警団の白人団員である。この高校生は何も悪いことをしていなかったのに不審尋問を受け、何ら武器を持っていなかったのに殺されてしまった。当然、犯人は裁判にかけられたが、正当防衛で無罪判決を受ける。この殺害は黒人差別から起きた犯罪であるとの声があがり、激しい抗議活動を巻き起こした。

この事件を起こした自警団員とは、何者であったのか。民間ミリシアは、政府の許可を受けずに武装した団体である。それと同じように、政府の設置した警察ではないのに、銃を持って治安維持活動をするのが、自警団である。アメリカ各地に存在し、自警団活動を地元警察がサポートすることも多い。

図 1-5　アラバマ州最高裁判所庁舎に設置された十戒のモニュメント．批判を浴びて撤去される様子(2003 年 8 月)

武装した民間人の自警活動が許される背景には、犯罪の増加、そして警察の予算不足がある。ただそれ以外にも、警察幹部が極右思想を支持しているケースがある。たとえば、「護憲保安官・治安維持公務員協会(Constitutional Sheriffs and Peace Officers Association)」は現役警察官を主体に創られた民間団体である。その創立者リチャード・マックは元保安官で、オース・キーパーズとも関係が深く、連邦政府が地域コミュニティの問題に口出しするのは合衆国憲法違反と唱えている。民間ミリシアの構成員と同じように、マックもまた憲法を盾にとって、民間人の武装を正当化する極右なのである。

警察の支持もあるところでは、州法をもとに民間ミリシアや自警団を取り締まろうとしてもできるはずがない。州の判事のなかにも、アラバマ州最高裁判事ロイ・ムーア（任期二〇〇一―〇三年）のように、州最高裁庁舎にキリスト教の十戒のモニュメントを設置して右派の歓心を買う人物もいる（図1―5）。州法で規制ができるといっても、州知事、州議会、州裁判所が一致して行動しない限り、民間ミリシアを取り締まれないのである。

ミリシアを理解するための基本的視点――合衆国憲法における人民武装理念の変遷

極右のミリシア団体を政府が取り締まれない状況が続いていれば、極右に攻撃されている左翼が独自の軍事訓練をはじめるのは、仕方がない。左翼は右翼と異なり、マーティン・L・キングの非暴力思想の影響があり、武器で右派に対抗するのは避けてきた。しかし、『ワシントン・ポスト』紙に掲載されたハナ・アラムの記事（二〇二三年三月二七日）によると、トランプ政権下で極右ミリシア団体の行動が過激化したこと、そして何より、二〇二一年連邦議会襲撃事件が起こったことによって、武装して軍事訓練する左翼団体が増えはじめている。

現在、極右に限らず、さまざまな立場の人々が自衛のための武装団体を持つようになったのである。自分たちと対立する考えを持つ集団を「人民の敵」と名指しして攻撃するポピュリズムの風潮が社会全体で広がるなか、武装団体が増加していったなら、暴力抗争が頻発してしまう。実際、社会科学者のなかには、今日のアメリカにおける抗争を国民間の「内戦」として捉える者もいる。

このような状況が発生した根源には、合衆国憲法がある。修正第二条が「人民」の「武器を保有し携帯する権利」を認めているためである。しかし、この権利のもとになっている考えは、「よく規律されたミリシア」を置くことが「自由な国家の安全にとって必要」とするものであった。この条項が制定されて以降、時代は目まぐるしく変化した。ミリシアの組織の在り方にせよ、「自由な国家の安全」とは何なのかにせよ、時代のなかで大きく変わったのである。

言葉をかえれば、合衆国憲法修正第二条が前提としていたミリシアや人民の武装が、憲法制定時にどんな意味を持っていたか、現在ではわからなくなっている。そこで、次章では修正第二条が生まれた歴史的背景を見てみよう。

ここであらかじめ、ミリシアをめぐる憲法問題で核心にあることを述べると、それは連邦国家において、武装の基本単位をいかに定めるかという問題である。イギリスの植民地であったアメリカでは、旧植民地が複数集まって連邦政府を創った。旧植民地それぞれが武装の基本単位になるのか、それとも連邦政府を武装の中心にするのかは、大問題であった。またそれは、アメリカという国の主権者である人民の問題とも関係している。人民は住民の生活コミュニティを単位として構成されるものなのか、それとも州単位か、あるいは連邦単位かが問われるのである。

修正第二条が制定されたとき、その目的とされたのは、ミリシアを組織する権限が連邦政府にないと明確化することであった。連邦政府が人々の生活に密接に関わるミリシアを支配してしまわないかと不安に思う人々は多く、その懸念を払拭しようとしたのである。そこで、憲法を修正してミリシアが国家の自由のよりどころであると明記した。また第二に、アメリカに暮らす人々のなかには、連邦政府と同じくらい州政府に対しても疑念を持つ人々がいた。このため、州民が州政府にも対抗できるようにするため、それぞれの居住地の人民《ピープル》がミリシアのかたちで武装する権利を認めたのである。

要するに、合衆国憲法を制定して連邦国家体制を創るとき、国土開発に勤しんでいる白人のなかには、新設される連邦政府のみならず、植民地政府から転じた州政府にも不信感があった。そこで自分たち自身の力で、政府からの自由を守っていけるようにしようと、住民たちは人民の武装を住民コミュニティ単位でできるように求めた。

合衆国憲法修正第二条におけるミリシアは、住民コミュニティと州政府、そして連邦政府の三つの関係のなかで理解しなければならない。人民が武装することを保障するといっても、それは本来、州政府と連邦政府の双方に対して、武力で対抗することができるようにしたものであった。こうした建国当初のかたちは歴史のなかで変容し、現在では市民が仲間を集めて創った民間ミリシア団体の武装を認めるようになっている。

次章以降、本書は合衆国憲法修正第二条に示された人民武装理念が、誰に対して、また何の目的で武装するのを認めてきたのか、その変遷をたどることになる。

第2章

人民《ピープル》の軍隊

——合衆国憲法が定める軍のかたち——

1636年のマサチューセッツ部隊を描いた，ドン・トロイアーニ作「はじめての召集」

1　北米植民地の軍事文化

一六三六年、セイラム――アメリカで陸軍が創設されたとき

合衆国憲法における軍と市民の関係を知るうえで、その前提となるのは、アメリカにおける軍隊の創設と発展である。正規軍もミリシアも、憲法制定時における現状を追認するかたちで生まれているので、軍の歴史を理解しないと、憲法の規定の意味もわからない。

アメリカに軍隊が設置されたのは一六三六年一二月一三日とされている。これは、アメリカの国防総省が公式に認定している日付で、現存する最古のミリシア部隊が設立されたときであった。

ミリシアの制度自体は、これ以前から存在していた。ただそれは、植民した成年男子に、武装と軍事訓練を義務づけたものであった。より詳しくいうと、この当時のイギリスでは、地元名士の指揮で戦闘に臨む百人程度の集団をカンパニー(company)と呼んでいた。

イギリス初の北米植民地ヴァージニアでは、植民地建設と同時に、そうしたカンパニーを創

った。それは、居住地を単位として組織した自衛のための部隊であった。居住地の中心人物が指揮官となって、住民に対して、当時の日本でも使用されていた火縄銃《マッチロック》の扱いや、敵の攻撃を察知して迎え撃つ訓練がおこなわれた。

こうしたミリシアのかたちを変革したのが、マサチューセッツ植民地（一六三〇年成立）であった。この植民地は同じイギリス帝国に属すとはいいながら、南部にあったヴァージニアから遠く離れた大西洋岸北東部（ニューイングランドとも言われる）にあり、先住民との紛争が多発していた。このため植民地議会は、当時のヨーロッパで進んでいた軍制改革を参考に、連隊《レジメント》を創設したのである。連隊とは複数のカンパニーを一つにまとめ、銃砲を使った戦闘を効果的におこなえるようにしたものであった。居住地ごとに住民をカンパニー（中隊と呼ばれるようになる）に組織し、毎年、そのカンパニーを演習地に集めた連隊の訓練をおこなうようになる。このための法律がマサチューセッツ議会の開催されたセイラムという町で、一六三六年一二月一三日に制定された。これが陸軍の創設記念日となったのである。

北米大陸に存在した他のイギリス植民地でも、健常な植民地人男性を定期的に召集して同様の軍事訓練をするようになる。このようなミリシア部隊の創設と普及には、イギリス特有の政治文化が表れていた。それは後のアメリカの連邦制へとつながるもので、ここで強調しておきたい。それは、住民をどのようにミリシアに組織するか、各植民地が自由に決めていたことである。軍事問題で自治が貫徹していたのであった。

各植民地はイギリス政府の管轄下にあったが、イギリスは植民地経営を現地の人々が創った植民地政府とその議会に委ねていた。このため、連隊創設はマサチューセッツ植民地議会が制定した法律で実施されたのであり、他の植民地も独自の法律で軍のかたちを決めていた。

自治が認められていたから、軍隊を創らなかった植民地もある。ヴァージニアとマサチューセッツの間にあるペンシルヴェニアである。ここには、暴力を否定するキリスト教の一派であるクェーカー教徒が数多く暮らしていた。このため、成年男子に軍事奉仕を義務づけるミリシアを創ることができず、植民地政府が軍の創設を決めたのは、一七四七年であった。このとき、イギリスの宿敵でカナダに拠点を置いていたフランス、そしてフランスと同盟する先住民と戦うため、志願兵部隊が創られた。植民地人の宗教に配慮して、自ら進んで兵士となった者だけで軍事組織を設置したのである。一七五五年には、ペンシルヴェニアでもミリシア設置に向けた法律が創られることになったが、その法でもミリシアは成人男性に兵員となる義務を課さなかった。ミリシアは志願兵で構成されたのである。

市民兵の伝統――共和政を育んだ軍隊

イギリス領北米植民地で発展した軍制は、共和主義の色彩を色濃く帯びたものであった。植民地建設のために指導者が仲間を集めて新天地アメリカに渡り、そこで議会を創り、ヨーロッパの先進的軍事制度を参考にしながら、話し合いで軍のかたちを決めていく――これは一六世紀イタリアの文人ニコロ・マキャヴェッリが提唱した、共和主義に沿った社会の運営といってよい。共和主義とは市民による自由な政治のことで、彼はそれを国家発展の原動力と論じた。ルネサンス期のフィレンツェで芽生えた共和主義が西欧を経由して北米にも伝播し、アメリカという国の精神風土になったことは、J・G・A・ポーコックの歴史研究によってよく知られている。

マキャヴェッリの主著『君主論』は一五三二年に出版されているが、そこでは市民の武装が提唱された。イギリス領植民地では、これをミリシアというかたちで制度化した。第二代アメリカ大統領ジョン・アダムズは共和主義の思想家でもあるが、彼によれば、マサチューセッツにおけるミリシアは、単なる軍事組織ではなかった。それは人民の徳と才能を開花させる社会基盤であった。一七八六年七月二一日に彼がつけた日記を見ると、ミリシアを、タウンシップと呼ばれる住民自治、学校教育、キリスト教会とならぶ共和主義の支柱と記している。

注目すべきなのは、二〇世紀に至るまで、そうしたミリシアの社会的役割が存在し続けたことである。ここで、アメリカ独立革命から七〇年後の中西部の情景を紹介しよう。メアリ・ローガンは南北戦争で北軍の将軍となったジョン・A・ローガンの妻である(図2-1)。彼女は少

図 2–1　メアリ・ローガン（1858 年）

女時代を過ごした一八四〇年代の南イリノイを回想して、次のように言う。

「いつも六月に開催されるミリシア訓練日《トレーニング・デー》は、本当に盛り上がった愛国主義の爆発でした。独立革命や一八一二年戦争の英雄たちの子孫、ブラックホーク戦争などの先住民との戦いに従軍した一部の人たちが、士官や下士官となって、いわゆる州のミリシアを指揮しました。兵士にふさわしい精神を涵養し、人民の心に愛国心の炎を燃やし続けるには、年に一度の訓練だけで十分と、士官たちは考えていました」（*Reminiscences of a Soldier's Wife: An Autobiography*, pp. 10–11.）。

兵士となった男たちは華やかに村を行進し、女たちも家々を華やかに飾りたてて、この日を祝った。男も女も、ミリシアの行事に参加することで、国への誇りを見いだしていたのである。ミリシア訓練日は定住地から多くの人々が集まる行事であり、後に詳述するように、ミリシアの集会は政治を話し合う集会の機能も果たしていた。

このようなミリシアの社会的役割を考えると、確かにそれは、共和主義的なものである。マキャヴェッリが共和主義思想を唱えたとき、彼が共和政のモデルとしたのは古代ギリシャ・ローマの都市国家であった。そこでは、政治に参画する市民は、国家のために戦う戦士でもあった。アメリカでも、ミリシアという制度のなかで市民と戦士が一致する環境が育まれていた。一九世紀初頭になると、ミリシアを「市民兵《シチズン・ソルジャー》」と呼ぶ習慣も定着する。良き市民とは良き兵士という意識が確立したのであった。

ミリシアの共和主義的性格を好意的に評価する研究者は多い。ジョン・アダムズの曽孫で歴史家のヘンリ・アダムズは、共和主義がアメリカ国民に平和主義の精神をもたらしたと論じている。一九七三年以降のアメリカ軍は、第5章で述べるように志願兵だけの軍隊になっているが、軍務が一部の者だけの仕事になっているのを批判して、市民兵の伝統の復活を説く人々も多い。

ミリシア兵のポピュリズム――人民を犠牲にする政府への反抗

ミリシアが育んだのは共和主義だけではなかった。それはポピュリズムを育むことにもなった。

共和主義とは、政治の場では議論を闘わせ、戦争では武器を手に闘う「市民」を中心に組み立てられた政治思想である。これに対してポピュリズムは、自由で平等な者の集まりである「人民」に焦点をあてた考えで、人民を犠牲にして権力や富を我が物にする支配者やエリートを許してはならないというものである。国家の基礎が人民にあるという政治観は、歴史家エドモンド・S・モーガンが『人民理念の創造』で論じたように、一七世紀イギリスのピューリタン革命で育まれ、北米植民地社会にも定着した。

ただ、植民地人たちは「人民」についての理解を独自の経験に基づいて、イギリスとは異なるかたちに変貌させた。支配層に暴力で反抗する政治文化を発展させたのである。

そうした文化の形成は、植民地政府への反乱によって知ることができる。

植民地が誕生したばかりの頃は、植民地といっても大西洋岸や河川沿いにつくられた砦のような白人定住地のことで、そこに暮らす者には一体感があった。人々は全住民の生存のために協力しあわねばならなかったからである。その住民は自由で平等な者の集まりなどではなく、年季奉公人のように借金をして渡航してきた者もいれば、年季奉公人を雇用する資産家もあり、後には黒人奴隷も加わるようになる。ただそれでも、植民地経営を軌道に乗せるまで、人々は植民地政府の方針に沿った生活をしていた。

しかし、そうした状況は植民地が発展し内陸部に居住地が広がるにつれて変化する。政府への反抗の動きが広がったのである。内陸部での生活が、植民地政府の置かれた地域と大きく異なるようになったためである。植民地ごとに違いはあるが、一九世紀半ばまで、人々は軍事活動だけでなく、夜警(night watch)と呼ばれる警察業務にも従事が求められた。しかし、力のある者や裕福な者は、金銭や他の手段で自分の代わりの者を従事させることができた。植民地政府の置かれた街では、資産家、年季奉公人、奴隷といった境遇の違いに加え、他者を利用することで市民の義務を果たさない階層も現れたのである。辺境《フロンティア》と呼ばれるところは内陸地域で、他の列強の植民地や先住民と日々接触する場である。辺境に暮らす人々は、こうした街の状況に不満を抱く。

この不満が、ときに暴力となって爆発した。さきにカンパニーの設立で説明したとおり、ミリシアは居住地の住民を兵員にして、その地区の中心人物が指揮するものであった。それは住民組織の一面も持っていたので、住民は自分たちの意に添わないことを植民地政府が進めようとするとき、ミリシアで反抗した。そうした例を二つあげてみよう。

まず、一六七六年のベーコンの乱がある。それは、ヴァージニア植民地政府が先住民に対して果断な態度をとらないことに怒った辺境住民の暴力であった。ミリシア部隊の指揮官であったナサニエル・ベーコンは、先住民との紛争を避けようとする植民地総督に業を煮やして、住民をひきつれて総督府に押し寄せた。彼は先住民を討伐する戦争の指揮権を要求したのであったが、それが認められないと知るや、ミリシアで街を焼き払った。

また、一七六三年のペンシルヴェニアでは、パクストン・ボーイズと呼ばれる武装集団が先住民を虐殺し、翌年には首都フィラデルフィアで、植民地政府に対して自分たちの要求を、武力をちらつかせながら呑ませた。ここでも先住民が関係していたのは、植民地の中心部から離れた辺境の人々にとって、先住民との紛争が深刻であったからである。

なお、先に述べたようにペンシルヴェニアでは、ミリシアは地域住民ではなく志願兵で組織されていたから、厳密にはパクストン・ボーイズは植民地政府が設置したミリシアではない。住民が先住民の脅威に備えて自主的に創った自警団《ヴィジランテ》であった。自警団が法に基づかずにふるう暴力はヴィジランティズム(vigilantism)と呼ばれる。それはアメリカ史の様々な局面で異人種や異教徒などに暴行をおこなったほか、前章で見たとおり二一世紀でも事件を起こしてきた。

このようにアメリカの人々は独立革命以前から、政府に反乱を起こしていた。これらの植民地期の反乱は二一世紀のポピュリズムを考えるうえで、まことに興味深いものである。たとえば、ナサニエル・ベーコンは、ドナルド・トランプと共通点がある。トランプは親の代からの富豪で、共和党が多数となっている地域の住民から堅い支持を集めた。ベーコンも名門の出身で、植民地政府のエリート支配に反感を持つ辺境住民の支持を受けていた。ともに家柄の良いエリートで、不満を持つ住民を組織した。

そして何より共通するのは、彼らが自分の支持者の意見を政府が採用するように訴えたところである。ベーコンは辺境地域で住民の意見の一致があることをミリシア動員で示し、植民地政府がそうした人々《ピープル》の意見を容れるように求めた。植民地政府を解体しようとはしなかったのである。トランプも連邦議会襲撃事件において、議会制度を破壊するのではなく、議会が自分を大統領と宣言することを求めた。ベーコンもトランプも、人々《ピープル》をもとに政府を動かすべきという考えで行動したのである。そうした発想が植民地期から今日まで一貫していることを、われわれは見落としてはならない。

2　独立革命という大波——軍の伝統と変革

北米の戦乱とフリントロック銃

一七七六年七月四日の独立宣言において、アメリカ植民地の人々は、人間が自由で平等であることを宣言し、イギリスからの離脱を決断した。このことの歴史的意義は大きい。一三あった植民地はイギリスの君主政を否定して、人民《ピープル》が主権を持つ共和政国家として生まれ変わったのである。

ただ、独立の決断がなされるうえで、前提となったことがあった。人々は、自分の力で自分たち自身のことを決めてゆく自治の習慣を身につけるようになっていた。君主や貴族が人民に代わって社会を動かすのを当然とする考えが、ヨーロッパにはあった。一方、北米では大地を開拓するなかで、それを否定する自治の習慣、すなわち民主主義が人々の間で自然と備わっていった。

このことを、いちはやく発見したのは一八三一年に訪米したフランス貴族アレクシ・ド・トクヴィルである。彼の著した『アメリカのデモクラシー』(第一巻は一八三五年、第二巻は一八四〇年に刊行)は、アメリカ民主主義の起源を北米での生活経験に求めたもので、アメリカを学ぶうえで必須の古典になっている。

トクヴィルの発見は、確かに衝撃的であった。彼の理解によれば、アメリカは革命という大変革を経験したものの、自治の習慣は革命以前から存在し、革命後もアメリカ社会の基礎となっていた。アメリカを理解するには、革命で変化しなかった伝統を知らねばならないと、トクヴィルは指摘したのである。

軍の在り方はまさに変わらなかったものの典型であった。革命後のアメリカは、植民地期のミリシアを軍制の基礎としたからである。しかも、ミリシアは時代の要請に応えて発展を遂げていた。独立革命は植民地期の軍事制度を抜本的に変革したわけではなく、植民地時代の変化を加速させたと考えた方が、実態にあっている。

表2-1は、独立革命に至るまでの時期、アメリカ植民地が参戦した大きな戦争と、その戦争の背景と帰結をまとめたものである。一見して明らかなように、一六七〇年代から一七六〇

表 2-1　イギリス領北米植民地が戦った大規模戦争

北米での戦争	戦争の背景	戦果，イギリス領植民地の出来事
フィリップ王戦争（1675-76 年）	植民地人の定住地拡大．フィリップ王とも呼ばれた，ワムパノアグ族の大族長メタカムは，彼に味方する先住民諸族と，ニューイングランドの植民地に戦いを挑む	プリマス植民地でレインジャー部隊創設
ウィリアム王戦争（1689-97 年）	アウクスブルク同盟戦争（1688-97 年）	地域軍創設．フランス領植民地の拠点ケベック攻略失敗
アン女王戦争（1702-13 年）	スペイン王位継承戦争（1701-14 年）	フランスから，ニューファウンドランド，ノヴァスコシア，ハドソン湾沿岸地方を獲得．スペイン領アメリカへの奴隷貿易の特権を獲得
ジェンキンズの耳戦争（1739 年）	スペイン領アメリカ植民地との交易をめぐるイギリスとスペインの抗争．イギリス人船長ロバート・ジェンキンズがスペインから乗船を臨検され，耳を切り落とされたと訴えたことをきっかけに，イギリスがスペインに開戦	翌年のオーストリア王位継承戦争へと続く紛争
ジョージ王戦争（1744-48 年）	オーストリア王位継承戦争（1740-48 年）	戦果がなく，講和後も紛争が続き，フランス人と先住民に対する戦争の序曲となる
フランス人と先住民に対する戦争（1754-63年）	七年戦争（1756-63 年）	フランス領植民地であったカナダ，ミシシッピ川以東のルイジアナを獲得．スペインから東フロリダを得る

年代まで断続的に戦争が繰り返されている。戦争のなかった時期があるものの、表2−1にあげた戦争は大規模なものだけであるから、実際には常に紛争が続いていた。

戦乱の背景となっていたのは、ヨーロッパ列強が覇権国フランスと合従連衡しながら、角逐《かくちく》を繰り返したことであった。北米地域もその闘争の舞台であって、イギリス領の植民地人は列強対立に翻弄される一方で、自身もイギリス帝国の尖兵として他の列強が設立した植民地の征服を企てていた。彼らが眼前にしている主要な敵は、カナダを拠点にミシシッピ川を経由してルイジアナに進出したフランスの植民地勢力であり、そうしたフランスと同盟する先住民であった。イギリスの植民地人を掣肘《せいちゅう》するために、フランスは先住民に最新の武器を提供していた。イギリス植民地の人々は軍事強国フランスの正規軍、さらには先住民とも抗争できる強力な軍事態勢をつくらねばならなかった。

その態勢づくりで前提となったのは、最新の兵器であった。度重なる戦争は銃砲の技術革新をもたらしていた。イギリスが北米初の植民地を創った当時は、同時期の日本でも用いられていた火縄銃の時代であった。火縄銃は速射や連発が難しかったため、戦闘では槍や斧が重視されていた。しかし、一七世紀中葉、撃鉄の先端に火縄ではなく燧石《すいせき》（火打ち金と擦りあわせて発火させる石。フリントともいう）を取り付けた新式銃が普及すると、軍のかたちが一新される。

火縄銃を持った兵士が密集していたら、隣接する兵士の火縄が別の兵士の火薬に引火し、事故が起きることがあった。このため兵員間で一定の距離をとらねばならなかった。しかし、フリントロック銃と呼ばれる新式銃が普及すると、そのような危険がなくなる。兵士を密集隊形にして一斉射撃で敵を圧倒することができたのである。ただし、そうした戦いは、銃、そして銃を扱える兵員を大量に必要とする。フリントロック銃が広まることで、銃は兵員に必須の武器になり、戦闘のかたちも変わった。

ちなみに、現在使われている銃は、一九世紀半ばに開発されたものである。銃用雷管を用いた弾を後装する点で、銃口から火薬と弾を込める先込式のフリントロック銃とは異なる。現在のかたちの銃が使われるようになった戦争を日米であげると、アメリカ・メキシコ戦争（一八四六―四八年）と幕末日本の内戦である。密集射撃を基本とした戦術が廃れて、近代的な散兵戦とそのための部隊編制がおこなわれるようになった。

植民地を支えた兵士たち――志願兵、強制徴用、そして職業軍人

銃を持った多数の兵員で戦闘がおこなわれるようになると、イギリスは列強間の戦争をアメリカ大陸でする場合、自国が北米に創った植民地の政府に、兵員提供を求めるようになる。この要請は、植民地政府に難しい決断を迫るものであった。

ミリシア部隊を派遣するのは難しかった。ミリシアは住民を組織したもので、その士官は居

住地の有力者、その兵員はその地の健常な男子を集めたものである。列強間の戦争は長期化するのが常であり、派遣された部隊はカナダやメキシコ湾岸、カリブ海地域などに遠征した。ミリシア部隊の士官は植民地開発に有用な人材であったから、そうした人々を長いあいだ遠くへ送ることは、植民地開発を遅らせることに等しかった。

植民地人のなかには、戦争を立身の機会と考えて、イギリス軍で戦い軍功をあげようと勇み立つ者もいた。植民地政府としては、まずそうした者を集めて、イギリスから提供を命じられた兵数を満たそうとした。戦争の意義を宣伝して、志願兵で派遣部隊を創ろうとしたのである。そして、その数に達しないときは、戦地に送っても植民地社会で支障が少ない者を強制的に兵士として徴用した。マサチューセッツ植民地を対象としたカイル・ゼルナーの研究によると、軍に徴用されたのは社会で厄介者とされる人々であった。犯罪歴がある者や、社会の運営に有用と思われていない者などであった。

志願と強制徴用に頼った背景は、銃を使った戦術と関係していた。密集射撃戦術は、銃の先端に銃剣をつけて武装した兵士に派手な色彩の軍服を着せ、相手を威圧するように行進させた後、敵に一斉射撃を浴びせるものであった。無論、敵方も反撃するので、兵員の死傷率は高い。そうした戦闘に有為な人材を送るわけにはいかなかったのである。

他面、このように犠牲の大きな戦いであったからこそ、戦争となった場合に備えて人材確保に励まねばならない。戦争のたびにイギリスは兵員を求めてきたからである。ミリシアは長期間の遠征には不向きな部隊であった。そこで、戦勝までの期間、遠征できる者を用意せねばならなかった。この点、遠征部隊の先駆となったのは、フィリップ王戦争（一六七五―七六年）のとき、プリマス植民地でベンジャミン・チャーチが組織したレインジャーと呼ばれる小規模部隊であった（図2―2）。

一六八九年のウィリアム王戦争では、レインジャーを超える大兵力が必要となった。大国フランスとの大がかりな戦いであったためである。このため、複数の連隊からなる植民地軍（provincial troop）がマサチューセッツ植民地によって創設された。一八世紀に入ると、他の植民地もマサチューセッツの例にならって植民地軍を組織するようになる。

図2–2　ベンジャミン・チャーチの肖像（1675年頃，作者不明）

植民地軍が創られるようになったのは、ミリシアを列強間の戦争に投入するのが難しいと、植民地人たちが理解したためでもあった。ベンジャミン・フランクリンによれば、農民やビジネスを営む者が集まったミリシアでは、人里離れた辺境を防衛し、住民すべてに安全な暮らしを保障できないのは、自明であった。植民地政府からの給与で、一定の期間、軍人としての仕事に専念する部隊を設ける必要が生じたのである(一七五六年一二月一九日付ピーター・コリンソン宛書簡)。要するに、各植民地でも戦争をおこなう必要から、職業軍人の育成が始まったのである。

ここで読者が混乱しないように、軍の兵員募集に関連して、徴兵制のことを説明しておこう。徴兵とは政府が住民に兵役義務を課し、強制的に軍に入隊させることをいう。この点、アメリカでは、植民地期から今日まで法律で、一定年齢の健常な男性は、一部の例外を除いてミリシアの兵員であると定められている。ただし、実際にそうした男性を軍隊に入隊させるかどうかは別問題である。右に見たように、戦争が起こったとき、植民地政府は志願兵を募り、それだけでは兵数が不足したときに、兵員にふさわしい者を選んで、軍に強制的に入隊させた。

現在、多くの人が徴兵制と聞いて思い描くのは、平時、民間人に対して強制される軍事訓練である。それはアメリカでは、植民地期から一九世紀前半までミリシアがおこなっていた。しかし、ミリシアの訓練に参加するかどうかは、居住している地域の環境に左右された。辺境で外国や先住民の脅威があれば参加率は高かったが、都市部で脅威が薄い場合は参加率が低かった。住民たちのなかには、軍に希望を感じて志願兵になる者もいたが、その一方で、クエーカー教徒のように宗教的理由で軍を忌避する市民もいた。

独立革命の暴力――分断される社会とミリシアの政治団体化

独立革命の原因は、イギリス政府が北米植民地に暮らすイギリス人の権利を侵害したことにある。革命以前から植民地人は、自分たちの意に添わないことを植民地政府が進めようとすると暴力で抗議してきた。独立革命では、その抗議の対象がイギリス本国になったのである。

革命の発火点は、一七七三年にマサチューセッツで起こったボストン茶会事件である。それは、イギリス政府の定めた貿易規制に反発した市民が起こしたものであった。ボストン港に停泊中の船に無理矢理押し入って、政府保護を受けた茶の積荷を海中に投棄したのである。当時の茶は高価で、大きな被害がでた。

被害を受けたのは積荷ばかりではない。イギリス政府の法律に忠実に従おうとする人々(忠誠派と呼ばれていた)に対して暴力が加えられていた。様々な税金が新設されたばかりか、フランスから獲得した新領土への入植が規制されたことに、植民地人は不満を抱いており、政府の役人、そしてイギリスの法律に従って商売する人々が攻撃された。

植民地人の暴力で著名なのは、タール羽根と呼ばれるリンチである。それは、衆人環視のなかで裸にし、煮えたぎったタール(船や建物などに使われる液剤)を身体に塗って、その上に鳥の羽を付着させるというものであった。その他にも、さまざまな手段で見せしめのための暴力がふるわれた。

このような無法に対してイギリス政府は断固たる態度で臨む。ボストン茶会事件への制裁として、マサチューセッツ植民地から自治権を剥奪し、駐屯していたイギリス軍の司令官トマス・ゲージをこの植民地の総督にした。

この処置に対する反発は、燎原《りょうげん》の火となって燃えさかる。イギリスに抗議する者は愛国派と名乗っていた。自らの活動をイギリス人の権利、そしてイギリス本来の国制を守るための愛国心からおこなったものと主張していたのである。マサチューセッツの愛国派は、自治権の回復を要求し、他の植民地に働きかけて反英派を糾合していく。これに懸念を抱いたイギリス政府側は駐屯軍を動かし、愛国派指導者の逮捕とミリシアの武器接収をはかる。一方、そうした行動を察知していた愛国派は、敵の攻撃があったとき瞬時に対応できるように整備していた即応部隊《ミニットメン》で迎え撃つ。これが、独立革命で初の軍隊同士の衝突となった一七七五年のレキシントン・コンコードの戦いの経緯である。

この衝突で注意すべきなのは、居住地住民を集めた軍事組織であったミリシアが、特定の党派を支持する部隊に変容したことである。イギリス軍を目の前にしていた愛国派は忠誠派がミリシアの指揮をとることを認めず、ミリシアの実権を奪った。一方の忠誠派もイギリス軍と連携しながら、独自の部隊を組織していく。

こうした動きは他の植民地にも広がる。ミリシアを管轄するのは植民地政府であったが、植民地政府自体も愛国派と忠誠派の対立で、二つの組織が併存するようになった。忠誠派への暴力がエスカレートしていくと、総督とその下で働く政府職員は安全を求めてイギリス軍に保護を求めて逃げ込みはじめた。すると、不在となった公権力を埋めるように、愛国派は植民地住民をまとめあげて政治組織を創る。

ちなみに、近年の独立革命研究では、こうした政府組織の分裂を理解するとき、革命思想がどれほど重要であったのか、疑問視するようになっている。住民たちは、イギリス国王やイギリス政府の権威に疑問を持ち否定していったというより、居住地ごとのローカルな人間関係をめぐって対立したのではないかと説かれるようになった。

この点を具体的にいうと、革命によって、植民地政府の官職はそれまでに比べて二倍になった。愛国派の政府と忠誠派の政府が並び立ったからである。混乱した状況下、誰がそれぞれの政府の要職を得るかをめぐる争いは、植民地に散在する白人定住地で誰がより上位の地位を得るのが相応しいのかをめぐる争いと重なっていた。そこに、イギリス軍や革命軍が敵対勢力の掃討をはかって登場することにより、定住地の人々の間で複雑な駆け引きが繰り広げられることになった。

戦時下で生き残っていくため、人々が革命思想の是非をおいて行動したのは、確かであろう。

そしてそうした局面で、もっとも重要なのは武装であり、軍事組織であるミリシアを誰が掌握するかであった。

ただ、ミリシアを思うように動かすのは難事であった。

もともとアメリカ植民地では、開拓のため住民の協力が求められていたから、早期に住民の意見を聞く制度が整っていた。一七世紀から選挙制度が存在したのである。ただし、その選挙権は一定以上の財産を保有したり、納税実績があったりする者に限られていた。植民地の政府や議会の選挙は制限されていたのである。

一方、ミリシアは革命下に直接民主政の場となっていった。それは地域住民を集めた組織で、選挙権のない者も兵員として参加していた。政府が分裂状態になったとき、愛国派にせよ忠誠派にせよ、政府の命令と言っただけでは兵員が従うわけがない。愛国派の革命運動を支持するか否か、士官が旗幟《きし》を鮮明にして兵員に説明し、その同意を得ねばならなかったのである。

愛国派、忠誠派のいずれもが、多数の住民を味方にするために工作を活発化させていた。革命理念をめぐる宣伝が熾烈になり、政府の利権を提供しての説得がおこなわれた。その働きかけの対象は白人住民だけでなく、先住民や黒人奴隷にも及ぶ。北米での戦いでは奥地の地形を知り、ときに植民者と協力する先住民を味方につけるのが大切で、先住民の好意を得ようと競争したのである。また奴隷には、奴隷身分から解放することを約束して、軍に入隊させたりした。独立革命を白人だけの闘争と考えてはならないのである。

3　革命国家の軍制

大陸軍《コンチネンタル・アーミー》の建設

世が麻のように乱れるなか、正義を回復しなければ秩序などありえないと誰しもが感じていた。革命を戦っていた愛国派は、イギリス本国が不当な要求を無理に植民地人に呑ませようと、マサチューセッツを軍事支配したことに憤っていた。彼らにとって秩序回復の前提となるのは、イギリス政府が各植民地政府の自治権を尊重することであった。イギリス側が軍隊で強圧的な支配をしようとするならば、植民地側は武力ではね返さねばならないと考えていたのである。軍隊こそが正義を守る砦であった。

イギリスとの軍事抗争が爆発したマサチューセッツ以外で、こうした考えを誰よりも強く持っていた人物が、ジョージ・ワシントンである。ヴァージニアで農園主として生活していたものの、戦場経験が豊かな歴戦の勇士であった。地元のミリシア司令官として辺境を防衛し、イギリスが北米大陸の覇権を賭けてフランスと戦った七年戦争(一七五六―六三年)では、イギリスの北米方面最高司令官エドワード・ブラドックの副官として激戦を勝ち抜いた。

ワシントンはレキシントン・コンコードの戦いの報に接すると、イギリス本国に隷従する道を植民地人が拒絶したいのなら、イギリスとの戦いは避けえないと確信する。それはちょうど、ヴァージニア代表として大陸会議《コンチネンタル・コングレス》に出席するときであった。大陸会議とは、マサチューセッツの自治権剝奪に懸念を持ったイギリス領北米植民地の人々が、一七七四年に創ったものである。その二回目の会議が開催される二〇日ほど前、レキシントン・コンコードの戦いが起きた。

大陸会議は緊迫した状況下で始まった。マサチューセッツに続きニューヨーク植民地でもイギリス軍との衝突が起こっていた。会議出席者のなかには、イギリス本国との和解を願っている者も多かったが、そうした者も、植民地社会がイギリス軍に蹂躙されるのは我慢できなかった。その一方で、彼らの多くは地元の名士としてミリシアの士官を務めていたから、個々の植民地がどんなに兵員を集めても、本国軍に太刀打ちできないのは承知していた。

そこで、大陸会議の出席者たちは、軍事的困難に直面したとき、植民地同士で相互に協力する態勢をつくる。すべての植民地のために戦う連合軍を設立したのであった。

その名は大陸軍《たいりくぐん》である(図2-3)。それは一面で、列強との戦いのために設立されてきた植民地軍を発展させたものであった。これまでは植民地の軍隊が集まって連合軍を創るとき、イギリス本国の指示をもとにおこなわれた。一方、大陸軍は大陸会議という各植民地の代表が合議する場で設立された。自治を守ろうとした植民地人は、他の植民地に働きかけて、互いに支え合って未来を斬り開こうしたのである。

こうした自治と共生の努力は、イギリスとの和解をどんなに願おうと、結局は決裂を不可避にしていく。翌年には独立宣言、そして一七八九年のアメリカ合衆国の建設に至るのである。大陸軍の誕生は運命を決める選択なのであった。

その司令官の選出も運命的なものであった。ワシントンをおいて他に適任者はなかった。彼の軍歴に非の打ちどころはなく、対英抗争に臨む気概は誰の目にも明らかであった。彼は武力闘争以外にとるべき道がないことを示すために、大陸会議に軍服着用で出席していたのである。

図 2-3　独立革命に派遣されたフランス軍士官ジャン＝バティスト＝アントワヌ・ドゥ・ヴェルジェが1781年に描いた大陸軍兵士の図の一部．ロードアイランド連隊に所属していた黒人兵が左に，カナダのケベックで組織された第二カナダ連隊の白人兵が右に立っている．黒人だけでなくカナダ住民も独立革命を戦ったことは記憶されるべきことである

ここに革命の英雄ワシントンが誕生し、彼の初代アメリカ大統領の道が開けていく。

ただ、それは試練の連続でもあった。世界有数の軍隊であるイギリス正規軍を前に、マサチューセッツの戦いではボストン防衛戦を何とか凌いだものの、一七七六年にはニューヨーク、ニュージャージーといった大西洋岸中部で連敗を重ね、大陸軍は崩壊寸前となる。

ワシントンが堅忍不抜の精神を貫かなければ、この危機が克服できたかどうか、わからない。また、彼を支えた人々の必死の努力もあった。代表的人物をあげるなら、アレグザンダー・ハミルトンとヘンリ・ノックスである。死線を突破するなかで彼らが結んだ絆は固く、それが後のアメリカ合衆国の基盤を築く。ワシントンが大統領になると、ハミルトンとノックスは彼の閣僚として、それぞれ財務長官、陸軍長官になる。

ちなみに、ハミルトンとノックスはこの時代のアメリカ市民の姿をよく体現している。彼らは恵まれた家庭に生まれたわけではない。ノックスはボストンの書店で、ハミルトンはカリブ海に浮かぶセント・クロイ島の貿易商で、少年時代を働いて過ごした。しかし、その勤勉さと才能は誰にも負けなかった。ノックスは二〇歳代で書店経営者として成功する。ハミルトンは支援する者の助力で渡米し、キングズ・カレッジ(現在のコロンビア大学)に進学した。そして大陸軍が設立されると、ノックスは二五歳で大佐、ハミルトンは二〇歳でワシントンの副官になり、軍功を立てる。

当時のヨーロッパでは身分や財産のある者が軍の高官になっていたが、この二人は才能と実績で立身した。彼らのような市民が自己の実力で未来を開ける社会こそ、革命後のアメリカで守るべきものになっていく。

大陸軍は良き司令官と幕僚に恵まれた。ただし、軍隊としての力は限られたものでもあった。ワシントンたちは戦場での幾多の敗北が敗戦にならないように、イギリス軍に長期間の消耗戦を強いて、耐え忍んでいた。そうしたアメリカがイギリスに勝てたのは、ヨーロッパの列強が味方につき、援軍を送ったからである。

ワシントンの奮戦を見たフランスはアメリカと同盟を結び、スペインやオランダなども支援を決めた。イギリスによってカナダなどの植民地を奪われたフランスは、報復の機会をうかがっていたのである。これにより、独立革命の帰趨は決した。最後の決戦となったヨークタウンの戦い(一七八一年)において戦勝の鍵となったのは、ワシントンの部隊ではなくフランス陸海軍であった。フランスが助力しなければ、革命は成功しなかったのである。

合衆国憲法の制定へ——正規軍と連邦国家

革命を自分たちの軍隊だけで成し遂げえなかったことは、大陸軍の将兵が誰よりもわかっていた。それは苦い記憶として残り、イギリスに勝利した後のアメリカは、軍事力整備に取り組まざるをえなくなる。他面、国土は荒廃し、戦争のために費やした費用も大きかったので、人々はまず社会の復興に取り組まねばならなかった。イギリスとの戦いは一七八一年に実質的に終わっていたものの、合衆国憲法（一七八八年発効）が成立するまでの七年間、戦後の軍の在り方を定めるのは後回しにされてしまった。

ただし、保有すべき軍のかたちは、早くから明らかになっていた。アレグザンダー・ハミルトンが、後に第四代大統領となるジェイムズ・マディソンらとともに作成した一七八三年六月一八日付の報告書「平時における軍事組織」（Military Peace Establishment）が、ほぼそのまま合衆国憲法で採用された。

この報告書が作成されたとき、イギリスとの戦争を終結させる条約交渉が進められていた。これにともない、ワシントンが指揮をとる大陸軍の存続問題が浮上した。

大陸軍は大陸会議によって対英戦争のために生まれたものであったから、戦争が終われば解体するかどうかを決めねばならなかった。各植民地はこのとき邦《ほう》と呼ばれる独立国家になり、大陸会議は邦の代表が集まった連合会議になっていた。大陸軍はイギリスからの独立など望まぬ者が多いなかで創られた組織である。戦争が終わった後に、この軍隊をどうすべきかが問われたのである。軍隊には大きな予算を費やさねばならないだけに、連合会議では対立が起こっていた。

この問題への対処を任されたハミルトンは、このとき、ニューヨーク代表の議員として連合会議に参加していた。彼はワシントンら大陸軍の幹部と緊密に連絡しながら、連合会議議員の意見集約に努め、報告書を取りまとめた。

その内容は、職業軍人による小規模部隊を連合会議の管轄下に創設するように提案したものであった。その理由の一つは、どの邦にも属さない土地を守るためであった。イギリスからアメリカ領として承認された地域には、革命以前、いずれの植民地にも属さなかった広大な土地があった。もともとそこは、イギリスから派遣された軍隊が駐屯し、防衛と治安維持にあたっていた。またもう一つ、ミシシッピ川のような複数の邦にまたがる大河の軍事利用もあった。連合の領域全体を守るのに必要な辺境地や戦略拠点には、要塞や武器庫を建設し維持していかねばならない。この仕事を個々の邦で分担するのは難しく、連合直轄の軍に委ねるべきであると、報告書は提言したのである。

また、こうした連合の部隊にはもう一つ任務があった。それは軍事技術と兵学の研究である。後にハミルトンは、「戦争は、他の事柄と同様、勤勉によって、忍耐によって、時間によって、訓練によって、はじめて習得され、完成される一つの科学」と述べている(『ザ・フェデラリスト』第二五編)。こうした科学に通じた士官がいないと、戦争になったとき、外国人の士官の助けを借りないと戦えなくなると、彼は論じた。

筋道の通った提案であったが、連合会議はこの報告書を拒絶してしまう。イギリスとの講和を実現したパリ条約(一七八三年調印)が成立間近になると、人々の危機意識が薄れた。平時の常備軍など無用かつ危険と考える風潮が広がったのである。

しかし、連合会議は考えをあらためる。イギリスがパリ条約で約束したアメリカ領からの撤退を実行せず、スペインや先住民の動向も不穏になるなかで、大陸軍は一七八三年の暮れに解体された。対英戦争が終結したからであったが、解体から半年ほどたつと、連合会議はハミルトンの提案を大幅に縮小したかたちで部隊を創設する。

連合直轄の軍隊として第一連隊が、一七八四年六月三日に創設されたのであった。この日こそ、現在のアメリカ陸軍正規軍部隊が誕生したときである。ハミルトンは四つの歩兵連隊、一つの砲兵連隊(この連隊内に工兵隊も設置)を提案していたが、実際には一連隊だけが認められ、その隊員定数は七百名であった。しかも給与や装備の支給に不安があったため隊員確保が難しく、この五年後に合衆国政府が発足するまでの間、ついに定員を満たすことができなかった。

こうして職業軍人の部隊が生まれた。ただ、このように小規模の組織で国防がまっとうできるか、人々に不安を抱かせる事態が次々と起こる。イギリスやスペインはアメリカに強圧的な外交を続け、マサチューセッツでは民衆反乱(一七八六―八七年のシェイズの乱)が勃発したのである。列強の脅威や反乱に対処するには、大陸軍を設立したときと同じように、各邦が一丸となった体制を創らねばならないことが、誰の目にもはっきりしていく。

その結果、生み出されたのが連邦政府である。一三の邦が集まって、一つの連邦国家を建設したのである。そして、この政府のかたちを定めた法律が合衆国憲法であった。その第一条第八節では、連邦の議会に戦争をおこなう権限と、陸海軍を創設し維持する権限を認めていた。連邦政府に直属する正規軍を整備する道筋が、ここに用意された。

「民主主義の行きすぎ」と合衆国憲法のミリシア規定

アメリカの軍制史は興味深い。正規軍が生まれた後になって、正規軍を育成していくための連邦政府が新設されたのである。それでは、こうして生まれた連邦政府が、旧植民地が持っていたミリシア部隊と、果たして良好な関係を築くことができたのであろうか。

ミリシアは正規軍誕生の遙か昔から存在する軍隊である。それは政府が住民の意に添わないことをすると、暴力で反抗してきた。そうした反政府主義は、イギリスに対する独立闘争の原動力となってきた。独立革命が成功したからといって、ミリシアの反政府主義がなくなるわけがなかった。

ここで上述したシェイズの乱の詳細を述べてみよう。それは、独立革命後の経済不況によって借金苦に陥った農民たちが起こしたものである。裁判所が困窮した人々の資産を取りあげることがないように、裁判所の業務を実力で阻止した事件であった。乱に参加した人々は、裁判所に押しかけるとき、ミリシアの手続きに従って軍事部隊を創った。また、マサチューセッツ政府が鎮圧のためにミリシアを動員すると、その一部は、農民たちの窮状に同情して寝返る。乱に味方するかどうか、隊員たちで投票をおこなって決めた部隊もあった。

人々が暴力で政府業務を麻痺させる状況は、当時、「民主主義の行きすぎ」と言われた。こうした状況が起こらないようにすることが、合衆国憲法の制定、つまり連邦政府を創設するうえで大きな目的とされた。ただ、民衆反乱の基盤となり、政府に反抗する組織であったとしても、ミリシアが国防のために必要な組織であることは間違いない。正規軍を中心とした軍制をアメリカに暮らす市民たちが認めようとしないのであれば、ミリシアに頼らざるをえないのである。

実際のところ、合衆国憲法は軍制の革新をもたらしたものではない。この憲法は、独立国家として主権を持っていた邦が、その主権の一部を新設する連邦政府に委ねることにしたものである。合衆国憲法によって邦は州へと位置づけが変わったが、連邦政府に委ねた権限以外の事項は、州が主権を持ったままである。ミリシアは州の軍隊であることが保障された。また正規軍は、大陸軍がそうであったように、州から選出される連邦議員たちの話し合いで、その組織と運営が決まった。大きく変わることはなかったのである。

一方、ミリシアに参加している人々にとって、州であれ連邦であれ、政府は政府である。問題行動を起こしたら、実力で抗議するだけであった。ミリシアの構成員は自分たちのことを、主権者である人民の意思を実行する組織と思っていた。したがって、憲法ができたといっても、憲法に縛られようとはしなかった。

言いかえるなら、連邦にとっても州にとっても、ミリシアは扱いにくい組織であった。そうしたミリシアについて、合衆国憲法第一条八節一六項は、連邦議会の権限として、

「ミリシアの編制、装備および規律、並びに合衆国の軍務に服する者に対する統制について定めること。ただし、ミリシアの士官の任命および合衆国議会の定める規律に従ってミリシアを訓練する権限は、各州に留保される」

と規定する。

また、第二条二節一項は、

「大統領は合衆国の陸海軍、および現に召集を受けている合衆国の軍務に服しているミリシアの最高司令官である」

とする。

複雑な書き方をしているが、ミリシアの運営をできるだけ、それまで通りにしたのである。州はこれまでと同じように、士官を任命したり兵員を集めて訓練したりすることができた。た

だ、正規軍だけでは勝利できない戦争が起こったときに備えようと、州ごとの違いをなくすため、ミリシアを全米で標準化することを定めた。州の代表が集まった連邦議会で、ミリシアをどう編制し装備を整えて訓練していくかを決めることにしたのである。

また、連邦政府は、非常時以外はミリシアと関係を持てないようにした。州の軍隊であるミリシアを連邦が統制できるのは、必要が生じて連邦の軍務に服しているときだけであり、そのときは大統領が司令官となるのであった。

このように連邦政府と州政府が権限を分け持つのは、本当に面倒である。戦時に備えるためならば、正規軍を中心とした軍制を創った方が良い。しかし、正規軍を強大化する案を提案したら、常備軍の危険やそのための負担が問題になり、州政府や市民が受け入れるはずがなかった。

つまり、この規定は現実との妥協であった。一方では、正規軍をどうしても創る必要があった。大陸軍の司令官となったワシントンは独立宣言が発せられた二カ月ほど後、一七七六年九月三〇日の書簡で、「ミリシアの動静には不安になる。彼らのふるまい、規律の欠如は大陸軍をひどく傷つけている。例外はあるものの、ミリシアに士官はいない。軍が食わせていく値打ちのある士官がいないのだ」と吐き捨てるように述べている。

他面、そうしたミリシアでも、正規軍では兵員が不足する以上、活用していくしかない。ただ、そうは言っても、その指揮権を緊急時でもないときに、連邦政府に任せてしまうことなど、ありえなかった。州民が許すはずがなかったからである。アメリカ独立革命では、イギリス軍や忠誠派との戦闘、さらには革命の混乱につけこんで無法をはたらく盗賊団によって、治安が揺さぶられた。そうしたとき、ミリシアは人々の生活を守るのに不可欠な地元住民の組織であったからである。

思い返せば、独立革命の発火点であるレキシントン・コンコードの戦いは、イギリス軍がミリシアの武器を奪おうとしたことから始まった。人々はミリシア部隊や部隊の使う武器を自分たちの自由になるかたちにしておきたかった。このことは、邦ごとに合衆国憲法の認否を決めていくことになったときに問題となる。そして、憲法を承認する条件として、ミリシアを組織することが市民の権利であり、また市民の武装も同じく権利であるので、これらをただちに憲法の規定とするように、訴えがなされた。

この要求に沿って、合衆国政府が組織されて後のはじめての連邦議会で、憲法修正第二条が生まれた。「よく規律されたミリシアは、自由な国家の安全にとって必要であるので、人民が武器を保有し携帯する権利を侵してはならない」ことになったのである。こうして憲法のミリシア規定が生まれた。

しかし、生まれはしたものの、どのようなかたちで連邦がミリシアを指揮していくかは、現実の危機が起きるまでの間、検討の対象にすらならなかった。連邦政府の成立から四年がたった一七九一年一一月、カナダ国境地帯における先住民との戦争で、アメリカ軍は死傷者九百名以上という先住民戦争で最悪の敗北を喫する。これにより、ようやく憲法の規定に基づいたミリシア関係法が制定された。

ちなみに、先住民戦争で大敗した原因は、戦闘に参加したミリシア部隊が十分な訓練を受けておらず、しかも正規軍に反抗して、軍としての統一的な行動ができなかったことにあった。こうした事態の再発を防ぐために、一七九二年、連邦議会はミリシアの召集、兵装や訓練を定めた二つの法律を創ったのである。ミリシア召集法と統一ミリシア法である。しかし、これらの法律の結果、ミリシアを戦争で活用することの困難があらためて浮き彫りになる。新しいミリシアを生みださねばならなくなったのである。

第３章

デモクラシーが変貌させたミリシアの姿

マサチューセッツ州レキシントンにあるミニットマン像
（ヘンリ・キットソン作）

1　崩れていく建国期の軍制

岩倉使節の見たミリシア

合衆国憲法が成立した後、ミリシアはどのような発展を遂げたのか。八〇年ほど後の姿を示した文献がある。久米邦武の編による『米欧回覧実記』である。

日本政府は、一八七一年(明治四年)に不平等条約の改正と西欧文明の視察を目的として、欧米に使節を送った。責任者は右大臣を務める岩倉具視であり、彼の名をとって派遣団を岩倉使節とも言う。その見聞記録が『米欧回覧実記』である。

岩倉使節団は一八七二年一月、最初の訪問国としてアメリカを訪れる。太平洋を越えてカリフォルニア州サンフランシスコ市を視察したのであったが、このとき同市は歓待して、ミリシア部隊の観兵式を催した。使節団はその部隊司令官とともに、市の大通りに設置されたひな壇に登って、華やかにパレードする三個大隊から敬礼を受けた。街頭には、この光景を見ようと実に二万人の観衆が集まっていた。

このときの記述でミリシアは次のように説明されている。
「米国の制たる、多く常備軍を設けず、市人村民みな平生兵《へいぜいへい》を講ず。もし不虞《ふぐ》の警あれば、すなわち銃をひっさげて、戦に赴く仕組をなせること、なお我が消防仕組に彷彿たり。これを義兵とは言うなり。……諸州は政府の免許を受けたる兵学校あり、有産の家の子弟は、自費にて其校に入り、陸軍の諸科を講ず。この科を済みしたるものより将士の選に入ると云う」（『特命全権大使 米欧回覧実記』(一)、岩波文庫、八五頁。なお、原文の一部をあらためて送り仮名を補っている）。

幕末の日本では、江戸の町火消しが市中警備に従事し、一部では軍事訓練もおこなっていた。そうしたことも念頭にあったのか、ミリシアは「消防」に類した仕組みとされている。街や村に暮らす者が非常時に力を合わせて危機に対処する「義兵」としているのも、戊辰戦争の経験に基づいてのことかもしれない。官軍側にせよ敗れた幕府側にせよ、武士以外の農民や町人たちが戦闘に参加したのであった。

『米欧回覧実記』の記述は、前章で見た中西部イリノイにおけるミリシア訓練が太平洋岸のカリフォルニア州でも続けられていたことを示している。民間人が年一度の集中訓練、月一度の週末の訓練だけをおこなって、ミリシア部隊を編制していたのである。軍の指揮官は少年期から学校で育成すると、わざわざ書き添えられているのは、ミリシアを構成する民間人たちが十分に訓練を受けていないことを見抜いたからであろう。久米邦武は佐賀藩の藩校である弘道館で藩士を教育した人であったし、使節団には幕末維新の激闘を戦い抜いた木戸孝允や大久保利通らがいた。

実際、一九世紀後半のミリシアは、治安維持や災害救助などの出動では活躍していたものの、戦争では正規軍が主役になっていた。ミリシアの訓練は以前と変わらないままで、その組織は地域の有力者が中心となったスポーツ・クラブのような様相を呈していた。週末に隊員が集まって射撃練習を交えた軍事演習をするほか、岩倉使節のような賓客が来訪したときや、独立記念日のような祝日、政党大会のようなイヴェントで、楽隊の演奏とともに賑やかな行進をおこなっていたのである。

このようなミリシアの姿は、建国期には想像がつかなかった。合衆国憲法が制定されたときには、ミリシアを正規軍を補う軍隊として整備することにしていたのである。しかし、その整備は大きな壁に直面し、方針を変更せざるをえなくなった。ただこのとき、軍制の基本を定めた憲法が改正されることはなかった。改憲しないまま、時勢にあったかたちで、ミリシアは植民地期とまったく異なる組織に生まれ変わる。

建国から今日まで憲法のミリシア規定が一度も改正されなかったことは、アメリカの歴史と文化を理解するとき、見落とせない問題である。ミリシアの存在も人民の武装権も、国防や治安維持といった国家の必要から離れ、侵害してはならない「市民の権利」として祭りあげられていったからである。

『米欧回覧実記』が義兵とするとおり、ミリシアを支えるのは、職業軍人で構成された正規軍に国を任せてはならないという強い思いである。憲法のミリシア規定が存続していった根本的な理由は、そこにある。軍事問題であっても、市民による自治で対処しようという、デモクラシーの理想に守られているのである。

ただ、ミリシアに集まった人々が抱いた軍事的自治の考えは、多くの戦争を経験するなかで変わった。当初、ミリシアの指導者たちや州政府は、連邦政府がミリシアの運営に介入することを警戒していた。しかし、資金や訓練の援助を連邦から受け入れるなかで、そうした態度が変化する。メキシコ戦争(一八四六―四八年)では、ミリシアの指揮官たちは、連邦政府から正規軍の将軍や高級将校に任命されることを望むようになった。

連邦政府と州政府、そしてミリシアは戦争が起こると緊密に協力するようになったのである。この章では、一九世紀前半の社会変化のなかでミリシアが生まれ変わっていった状況を描いてみよう。

一八一二年戦争と正規軍整備計画

ミリシアは戦争になったとき連邦政府のもとで戦うことになっていた。しかし、ミリシアを国防の中核にできないことは、連邦政府が成立して二〇年ほどたったとき、明白になる。一八一二年、アメリカ連邦議会は対英開戦を決め、イギリスとふたたび戦火を交えたが、惨憺たる状況になったのである。

マサチューセッツをはじめとするニューイングランド地方の諸州は、対英戦争に反対する声が強く、ミリシアの提供にあたっては州境を越えての軍事活動を認めないなど、様々な制限をつけ、正規軍が自州で行動するのも邪魔をした。戦闘はアメリカ軍の敗北が続き、兵員不足も深刻になった。

こうしたなかで、アメリカがあげた数少ない戦果の一つは、ニューオリンズの戦いである。この戦いで司令官を務めた人物が、後に第七代大統領となるアンドリュー・ジャクソンであった。彼はテネシー州でミリシア部隊を率いて先住民と戦い、その功績があって、この戦争では正規軍の指揮を任されることになった。

そうしたジャクソンは、「ミリシアが役に立つと感じられるのは、つなぎとしてだけです」と述べている(一八一五年一月二五日のジェイムズ・モンロー陸軍長官宛の書簡)。兵力が不足したときの一時的な補充以外、ミリシアの役割はないというのである。ジョージ・ワシントンが、独立革命でミリシアを苦々しく感じていたことは、すでに述べた。ジャクソンもワシントンとまったく同じ意見を持ったのである。

二〇世紀初頭までのアメリカ大統領を見ると、軍功のあった将軍が数多い。ワシントンもジャクソンも誉れ高き戦場の英雄である。実際に指揮してミリシアの力を知った人物たちが大統領になったのなら、正規軍を基礎とする防衛体制を創らないなどありえない。

実際、一八一二年戦争が終結して、一八一五年に正規軍を平和な時代の規模にすることが話し合われると、その規模は一万二千人と、連邦政府が成立する以前と比べれば一七倍の増強になる。しかし、アメリカ国民の正規軍への反発は強く、一八一九年に経済不況が発生して税収が落ち込むと、連邦議会下院は正規軍の規模を六千人に縮小するように要求してきた。

このとき、陸軍長官を務めていたジョン・カルフーンは、一計を案じる。平時には正規軍の規模を最低限にし、戦時に正規軍を急速に拡大させるプランを逆提案したのであった。

彼は議会に、正規軍を構成する連隊や大隊、そしてそれら部隊を指揮する士官は維持すべきと訴える。部隊に属する兵卒を思い切って削減して財政負担を減らす一方、戦時になったら必要な兵卒を直ちに入隊させる態勢をつくることで、有事に備える計画である。それは、平時の軍に必要なことは、戦争の計画と遂行で中心となる士官の育成、そして連邦全体の戦略拠点へ基地を計画的に整備することと見定めたものであった。カルフーンによれば、連隊や大隊の基本構造を維持したまま、士官中心で兵卒のいない人体の骨格《スケルトン》のような組織にすれば、平時に六三一六名でも、戦時には士官を二八八名増やしただけで一万九〇三五名の軍隊にすることができるということであった。

この提案は、これ以降の正規軍整備の基本を定めた重要なものであった。しかし、議会の承認は得られなかった。一八二一年三月、正規軍の構成員は六一八三名となり、部隊も士官も削減された。

議会が拒絶した理由は三つあった。第一に、一八一二年米英戦争が終結して、アメリカがヨーロッパ列強と本格的な戦争になる可能性が遠のいていた。このときのヨーロッパには、紛争の解決を国際会議によって実現しようとするウィーン体制が成立していた。これと関連する第二の理由は、財政負担問題である。列強がアメリカと戦争しないのなら、いかに正規軍が重要であるとはいえ、高給を取る士官ばかりの軍隊を持つのは贅沢すぎた。議会が安全保障上の危機を軽視して財政を問題にすることは、これ以後もたびたび起こり、連邦政府は対応策として有用な兵員確保に腐心することになる。このため、一八二二年には、陸軍省に兵員徴募局(General Recruiting Service)が設置され、正規軍独自の兵員募集が始まる。

軍批判の根本に存在した政府への不信

この二つ以上に大きな理由となっていたのは、政府への不信である。連邦政府であれ州政府であれ、市民生活に介入する武力を政府に持たせることに、強い反発があった。この点を誰よりも雄弁に述べたのが、ヘンリ・デイヴィッド・ソローである。彼がアメリカ・メキシコ戦争に反対して発表した「市民の反抗」の冒頭部分には、次の一節がある。

「常備軍の設置に対しては、これまでもさかんに有力な反対論が唱えられてきたし、それは世間の耳目を集めるだけの価値を持っているのであるが、つきつめて言えば、それとおなじ反対論が常置政府に対してもなされてよいわけである。常備軍《アーミー》とは常置政府がふりまわす腕《アーム》にすぎない。その政府にしても、人民がみずからの意思を遂行するために選んだ方式にすぎないのだが、人民がそれを通じて行動を起こすことができないでいるうちに、ともすれば政府そのものが常備軍とおなじように乱用され悪用されることになりかねない」（『市民の反抗 他五篇』、岩波文庫、八―九頁）。

「市民の反抗」はアメリカのみならず、自由を求める世界各地の人々を勇気づけた名文である。インドの独立闘争を支えたガンジーや、アメリカ公民権運動の指導者マーティン・L・キングらの心のよりどころとなった。

この文章でソローが言うように、常備軍への反対、そしてさらに政府への反対はアメリカの世論に根づいたものであった。急進的活動家だけでなく、有力政治家も唱えてきたのである。

ソローは「市民の反抗」の冒頭に「統治することのもっとも少ない政府こそ最良の政府」という言葉を紹介しているが、この言葉をジェファソンの箴言と誤って理解している者は、アメリカ人にも多い。ジェファソンは書き残していないものの、彼のもとに集まった共和派《リパブリカンズ》の考えとして長く語りつがれてきたからである。

実際、ジェファソンは一八〇一年に大統領になると、軍隊こそが政治を腐敗させる根源と考え、正規軍を劇的に縮小する。一七九九年には六百万ドルに達した陸海軍予算を、一八〇一年に一六〇万ドルにまで削った。ジェファソンら共和派の政権は、ジェイムズ・モンロー大統領の後を継いだジョン・クインシー・アダムズ大統領が退任する一八二九年まで続いたこともあって、人民の生活を傷つけかねない政府や軍を最低限にまで抑制する方針は不動のものになる。正規軍は人民に不幸をもたらす凶器とされたのである。

何のためのミリシアか？——廃止された軍事訓練義務

戦争でミリシアが満足な働きをしなかったからといって、ミリシアを軍として劣っていると決めつけてはならない。居住地単位で住民を集めたミリシアは、自分たちの暮らしを守るためなら死力を尽くしてきた。ただ、家を離れた長期間の戦いは望まなかった。このため、植民地期から遠征用の部隊がミリシアと別に設置されてきたのである。

一八一二年戦争のケースでは、各州はイギリスが自州を攻撃した場合に備え、訓練と装備の行き届いたミリシア部隊を手元に置いたままにしていた。ミリシアの戦力では不十分と考えた州も多く、当時一八あった州のうちの一〇州が、戦時下にミリシアとは別に志願兵部隊を創設したり、その準備をしたりしていた。イギリスが州内に攻め込んできたとき、州政府としては連邦全体の戦いよりも、州民の安全を優先せざるをえなかったのである。

また、ミリシアは戦時になると戦場へ駆りだされたが、戦争だけが仕事ではない。住民が夜警という警察活動をしていたことは前述したが、ミリシアは重罪を犯した者の逮捕や囚人警護、暴動鎮圧に出動していた。通商路である道路や河川の警護、さらには人々が野盗や先住民に襲われないようにパトロールするのも、その任務であった。

このように地域の治安に責任を負う組織を、戦時に地域から引き離すのは、無理な話である。ミリシア司令官が部隊の隊員の身代わりを、社会で厄介者扱いされた人々や囚人から探して、正規軍のもとに送ったのも仕方がない。一八一二年戦争で正規軍を驚かせたことの一つは、戦場に来たミリシア部隊に、武器も持たず軍服も着用していない者が数多くいたことであった。

要するに、連邦政府が戦闘で活躍できるミリシアを、州政府から提供されるのは難しかった。憲法の規定、そしてそれに基づいて制定されたミリシア関連法がうまく機能しない以上、新しい軍事制度を考えねばならなくなったのである。

図3-1　1792年ミリシア法に基づいて兵装した歩兵の姿

完全に破綻したのは統一ミリシア法（一七九二年）である。それは、合衆国憲法第一条八節一六項にある、ミリシアの部隊編制と装備、訓練を、連邦の法律で定めたものであった。州政府が州民をミリシア部隊に組織すること、一八歳から四五歳までの健常な白人男子がミリシアの兵員になること、すべてのミリシア兵が銃と銃剣、二〇発の弾に四分の一ポンドの火薬、背嚢などを標準装備として保有することを規定した。この法律を受け、各州も州憲法と州法で州民をミリシアに登録し、部隊に編入訓練する体制を創った。

しかし、対象となった白人男性を標準装備させることなど到底できないことは、州政府も州民も、実は最初からわかっていた。広大な国土のもと、より良い生活を求めて移住することの多いアメリカで、ミリシア兵の対象者をリスト化し、そのうえ、その全員を定期的に訓練することなど不可能であった。図3-1は法律の規定に沿って武装した兵士の姿であるが、身につけている装備は市民の自弁が原則であった。しかし、いくら銃を買うように州政府が命令しても貧困者が購入できるわけもない。かりに州が銃を与えたとしたら、生活が苦しい者はそれを売って現金に換えるおそれがあった。州民を登録する州政府の行政的能力も、兵装させるための予算も、なかったのである。

一八一二年戦争が終わると、ミリシア兵の惨憺たる戦いが知られたこともあって、ミリシア訓練への反発が広がる。とくに不満をつのらせたのは、列強や先住民の脅威の薄い大西洋岸の都市部に住む人々であった。商店経営者や職人がミリシア訓練を強制されることに、怒りを爆発させたのである。訓練よりも仕事をして、金銭を稼いだ方が良かったからである。また生活の苦しい人々にとっては、富裕な市民が金銭で身代わりを用意して、ミリシアの義務から逃れているのが許せなかった。

この結果、一八二〇年代末になると、都市部では軍事訓練ができなくなる。ペンシルヴェニア州の事例をあげると、一部の部隊で夏の集中訓練日は、市民の家族ぐるみのレクリエーションの機会と化していた。普段着のまま参加したミリシア隊員が、郊外の居酒屋に集合して点呼をとり、その後は女性や子供たちとピクニックを楽しんだのである。無論、厳格な指揮官がいたら、こんな訓練はおこなえない。しかし、ミリシア士官の選任は、合衆国憲法で州の権限とされ、多くの州で部隊員の選挙か州議会の任命であった。強制訓練に市民の多数が反対する地域では、厳格な士官が選ばれなかったのである。

一八二四年、ペンシルヴェニア第八四連隊の隊員たちは、連隊長を務める大佐に、ミリシアの強制訓練を批判する人物を選任した。そして、部隊は道化のようなコスチュームで街をパレードし、市民に軍事訓練を強制することの愚かさを宣伝してまわったのである(Holmes, "The Decline of the Pennsylvania Militia, 1815-1870," pp. 206-208)。

このように市民からの反発が強まると、ミリシアに関する政府の業務が麻痺してしまう。連邦政府は州政府に対して、一八〇三年にミリシアの編制や兵員数、装備を、毎年報告することを義務づけていた。しかし、その実施状況を見ると、数年に一度、不正確な情報が集まるだけであった。州政府がいくら要請しても、部隊からは隊員や兵装の報告が集まらず、集まったとしても不正確であった。

こうした状況が続くと、ミリシア訓練を義務づけられている住民のリストづくりを、州政府が次々とやめていくことになった。そして、一八三一年にデラウェアがミリシアの訓練義務をなくすと、一八四〇年にはマサチューセッツ、一八四四年にはメイン、オハイオ、ヴァーモント、と続き、一八五〇年代までに全州で強制軍事訓練は実施されなくなってしまった。

2 新しいミリシアへ――志願兵《ヴォランティア》によるミリシア部隊

アメリカの人々は、軍事訓練を強制する政府を愚弄して、訓練を廃止に追い込んでいった。独立革命で勝ちとった自由を誇り、常備軍や職業軍人を嫌う人民の国であれば、それは当然のこととも言える。

しかし、この変化を反軍感情のみで理解するのは、誤っている。一七世紀にイギリスからミリシアが移植されたのは、住む者が少ない白人定住地を建設する時代で、住民自身が軍事や警察の業務を担っていた。それから二世紀がたつと、これらの業務を政府の専門機関に属する有給の職員に任せ、住民は生業に励んで暮らしの豊かさを求めるようになった。

一八一二年戦争下、ニューヨーク州知事ダニエル・トンプキンスは、十分な資産のない人々にとって、ミリシア部隊に加わることは負担になると主張した。そして、ミリシアの業務を、州政府が給料と兵装を提供する州独自の常備軍におこなわせると提案した。ミリシアは警察業務もおこなっていたが、一八三八年、初の警察署がボストン市に誕生する。これは、イギリスが一八二九年にロンドン警視庁（通称スコットランドヤード）を創設したのを見て、有給職員を雇うことで、市民の負担を減らそうとしたものである。このように一八一二年戦争後、州や市が軍事や警察の領域で専門組織を設立していった。

一九世紀前半のアメリカは「市場革命の時代」と呼ばれる。一八一二年戦争が終わって社会秩序が安定すると、市場《マーケット》取引の基礎となる法制度や交通通信網が整備されるとともに、市場原理に適合的な社会関係が普及していく。金銭で必要なモノの提供と入手をする市場関係が広がったのである。住民が自分で軍事や警察の仕事をおこなうのではなく、有給の政府職員を税金で雇って実施するというのは、まさに市場理念に基づいた発想である。

こうした専門職業化が進んでいったとき、アメリカの軍事文化を大きく特徴づけるものが生まれていく。それは、軍と経済界との密接なつながりである。

大陸軍を率いたジョージ・ワシントンは農園経営者で土地投機にも熱心であった。彼を支えたノックスやハミルトンも実業に携わっていた。正規軍の職業軍人と経済界との距離は当初から近かったのである。軍と財界の関係は、ウェストポイント陸軍士官学校が、一八〇二年、ジェファソン政権下に誕生することで、より緊密になる。士官教育としてウェストポイントの学生は、要塞や交通路の建設を学んだ。それは、経済開発の基軸となる陸路や運河、鉄道をつくるのに必要な知識でもあった。

ハーヴァード大学などではまだ技術者教育をおこなっていなかった当時、ウェストポイント卒業生は国土開発に不可欠な人材であった。連邦議会もこの点を認めて、一八二四年、測量基本法(General Survey Act)を制定する。正規軍士官が州や民間の開発事業に従事することを認めたのであった。

正規軍士官にとって、州政府や民間の建設業、鉄道業などで働けることは、ありがたかった。

給与を補塡し、退職後の再就職の機会にありつけるためである。連邦議会が正規軍の規模を抑制したことによって、士官は長年勤務しても、昇進や満足できる給与を得ることが難しかった。このため彼らは生活のために、州政府や民間企業との結びつきを強めねばならなかった。

ミリシアの政治活動と大衆政党

ミリシア兵にとっても、経済的恩恵は重要であった。

合衆国領内には州に属さずに「准州」と呼ばれる広大な地域があった。そこは連邦政府の直轄領で、白人入植者が増大した後、州政府が組織されることになっていた。准州でもミリシアが組織されていたが、そこの住民たちは連邦政府の業務でミリシアが駆りだされると喜んでいた。現金が報酬として支払われるためである。開発途上にあったため経済取引が少なく、金銭を入手する機会の乏しい准州では、軍事活動が貨幣経済の発展を促していた。

ここで思いだしていただきたいのは、一九世紀前半にミリシアの強制訓練が空洞化し廃止された理由である。訓練参加者は所得減収に不満を持ったのであった。逆に言えば、参加することで金銭やその他の報酬が得られるのなら、人々はミリシアを大いに利用した。

この点、歴史家ハリー・ラヴァーが描いた、ケンタッキー州ミリシアの記述は鮮烈である。それを読むと、一八一〇年選挙を前に、政党の候補者たちが地元民と取引をおこなっていた。

その状況とはこうである。ミリシアの訓練に参加した息子から、部隊で選挙活動がおこなわれていると聞いた父親が、不審に思って次の訓練に出向くと、知りあいの者が現れて酒席に誘う。そこには、ずらりと並んだ選挙候補者がいて、次々に紹介された。そして、候補者たちは、「あなたの力で当選できたなら、あなたのためにこれだけのことをしますと約束した」のであった(Laver, *Citizens More Than Soldiers*, p. 66)。

一七九二年に准州から州となったケンタッキーでは、選挙権の行使にあたって財産等の資格による制限を設けず、奴隷でないのなら黒人にも選挙権があった。ミリシア活動の場で選挙活動をするケンタッキーの状況は、いまだ州になっていない地域やこれから選挙権が拡大する地域の一つの手本であった。ミリシアは有権者に選挙で得られる利益を示して票を獲得する場となっていく。

ここで重要なのは、アメリカで大衆政党が発展するのが一八二〇年代であったことである。普通選挙がおこなわれた地域では、ミリシアを利用した選挙活動が広がったが、それは大衆政党の成立に先駆けていた。違った言い方をすれば、ミリシア部隊を通じた選挙活動、そして選挙に当選するための有権者への利益配分の手法は、大衆政党が創設されたとき、集票活動のモデルとなったのである。植民地期からミリシアは、所得や財産などにかかわりなく住民を集めた組織であったから、ミリシア隊員が集まる訓練日は、後の大衆政党が手本とする慣行が育っていた。

弱まる政府の力と軽視される専門知識

選挙を通じて市民への利益の配分が広がっていったとき、邪魔者扱いされるようになったのは、専門知識を持つ政府職員である。選挙民が表明する民意は何よりも優先すべきであり、政府の人間が口出しなどすべきではないとする風潮が生まれたのであった。

この気風をはっきりと示したのが、アンドリュー・ジャクソン大統領（任期一八二九―三七年）の一八二九年年次教書である。ジャクソンは「公職が人民の利益だけを目的として設置された国では、公職に優先的につく権利を持った者など誰もいない」と述べて、優れた知識や能力、経験を持っているからといって、政府の役職に登用されるわけではないと言い切った。知識経験者も一般市民と同じ価値しかないというのである。

こうした考えはアメリカのデモクラシーの特徴とも言われるが、それは正規軍の人事にも適用される。ジャクソン大統領の時代、選挙で勝利した政党が政府職員を採用する猟官《スポイルズ・システム》制がおこなわれるようになった。連邦政府の職員を選挙で選ばれた議員の推薦で任命するシステムを、パトロネッジと呼ぶが、一八四〇年代に入ると、正規軍幹部を養成する陸軍士官学校の入学でも、連邦下院議員の推薦が必須になる。

この制度は、一面では、正規軍士官の候補者を連邦全土から満遍なく集めることを目的としていた。ただ、それと同時に、士官学校の入学にあたって、本人の軍人としての適性が軽視されたことも示している。下院議員たちが、自分の選挙活動を有利に進めるために士官学校への推薦を利用していたのも、確かな事実である。それは、有力な支持者に配分する利権の一つになっていた。

ジャクソン政権以降、専門の知識や経験が軽視されるようになったと言われる。しかし、急速に科学が発達した一九世紀前半、科学自体は尊重されていた。人々は選挙を通じて市民に利益配分をするようになったことで、その配分に口出しをする中央集権的な政府を拒絶した。そうしたなか、専門家の軽視が起こったのである。

デモクラシーと暴動

ジャクソン政権期、男子普通選挙権が普及し、大衆政党が活躍するようになった。アメリカがデモクラシーの時代に入ったと評される所以である。しかし、この時代、世情が穏やかになったわけではない。むしろ、暴動でアメリカ社会が血に染まるようになっていた。ボストンを手始めに警察組織が整備されはじめたのも、暴力への対処があったからである。

一八二〇―三〇年代に普通選挙権が普及すると、政府への反乱は減少する。反乱とは、暴力

表 3-1　19 世紀前半の反乱

発生した年	反乱の名称	場所	
1791-94年	ウイスキー反乱	ペンシルヴェニア州西部	連邦政府が蒸留酒(その中心はウイスキー)への課税をおこなうと，反対派が徴税官を襲撃するなどして，騒乱が発生．連邦政府はミリシアを動員して，反対派を粉砕
1799-1800年	フライの乱	ペンシルヴェニア州	対仏戦への軍事費調達のために，連邦政府が不動産などへの直接税を導入すると，反対する人々が課税査定担当者に暴力．連邦職員と対立し騒乱．連邦政府は正規軍とミリシアで鎮圧
1839-45年	ヘルダーバーグ戦争	ニューヨーク州	ヘルダーバーグ地域に暮らす 5-6 万人の借地農民が地権者の要求する賃料支払いに抵抗して暴力行為．保安官代理の射殺事件などを起こす．ニューヨーク州はミリシアを動員して，その指導者を逮捕
1841-42年	ドアの乱	ロードアイランド州	普通選挙権を認めない州政府に反発した市民は独自に州憲法を制定．その憲法に基づく政府を設立して，既存政府の武器庫を襲撃するが失敗．その指導者であったトマス・ドアを逮捕，懲役刑とする

を用いておこなわれる、市民による政府への抗議である。普通選挙権によって、有権者が平等に政府に代表されるようになると、暴力に訴えなくてもよくなったのである。表3-1は建国後の主な反乱であるが、一七九〇年代の二つの反乱(ウイスキー反乱とフライの乱)は、連邦政府の新税への反発から勃発した。ウイスキー反乱ではワシントン大統領ら政府の中心人物が、図3-2のように鎮圧に出動するほどの大きな騒乱になった。そうした反乱は、連邦や州の政治家に投票ができるようになると

図3–2　伝フレデリック・ケメルメヤ「メリーランド州カンバーランド砦において西部軍を閲兵するワシントン」(1795年以降の作)．正規軍とミリシアを率いてウイスキー反乱を鎮圧するワシントン大統領を描いた絵画

収まる。

なお、ドアの乱は一八四〇年代まで制限選挙を続けたロードアイランド州政府への抗議である。この州は普通選挙に抵抗し続けた点で特異な存在で、その特異さから起こった例外的な出来事であった。

政府との武力抗争が減る一方で、増大したのは市民間の騒乱である。表3-2はその主なものをあげた。新聞社の打ち壊しや集会施設への放火、奴隷制廃止論者への暴力や宗教紛争、反英暴動など、人々はさまざまなかたちで暴力をふるっている。表3-1にあるヘルダーバーグ戦争の原因も、実は土地賃料をめぐる地権者と借地農との紛争で、政府が借地農に味方しなかったことから、保安官など政府職員への暴力になった。したがって、表3-2の暴動に近いものである。

市民間の抗争が増大した背景は、都市化と産業化、そして移民の増大であった。一七世紀に植民地が建設されたとき、ヨーロッパから植民した人々は、ともに助けあって暮らさざるをえ

表 3–2　19 世紀前半の暴動

発生した年月	場所	
1812 年 6 月, 7 月	メリーランド州ボルティモア	連邦議会が対英開戦を決すると，反戦派のアレクサンダー・ハンソンは『フェデラル・リパブリカン通商新聞』を設立．この新聞の論調に怒った主戦派が新聞事務所を襲撃，暴動となる
1835 年 5 月	マサチューセッツ州ボストン	奴隷制廃止のために活動していたロイド・ギャリソンのもとを，イギリスの奴隷制廃止論者が訪問すると，奴隷制支持者による暴動が発生
1838 年 5 月	ペンシルヴェニア州フィラデルフィア	ペンシルヴェニア反奴隷制協会が言論の場として建設したペンシルヴェニア・ホールが暴徒によって放火され，焼失
1844 年 5 月, 7 月	ペンシルヴェニア州フィラデルフィア	5 月，プロテスタント系住民がカトリック教会を破壊．7 月には暴徒を鎮圧するために派遣されたミリシアと戦闘
1849 年 5 月	ニューヨーク州ニューヨーク	イギリスの著名なシェークスピア俳優ウィリアム・チャールズ・マクレディのアスター・プレイス・オペラハウスへの出演をきっかけに，反英主義者が暴動

なかった。そうした時代が終わって、異なる価値観を持つ人々が貧富の格差のある都市のなかで共存するようになった。

一八三〇年代、犯罪が増加することで、人々は外出や旅行で自衛のためにボウイナイフと呼ばれる短刀を携行するようになった。また、銃用雷管が発明されたことにより、銃を面倒な弾込の作業なしに撃てるようになったことで、護身のためにピストルを所有する者も増える。各州の政府はこうした武器所有が暴力事件の一因と考え、その規制のための法律を制定しはじめていた。

志願兵《ヴォランティア》によるミリシア——公共サーヴィスを提供する市民団体

このように市民間の抗争が増え、銃器が普及していくと、治安維持機関であるミリシアの行動やかたちも変わっていく。

ベーコンの乱やシェイズの乱を述べたときに記したように、ミリシアが反乱に参加することは、しばしばであった。参加しないまでも、政府から反乱を鎮圧するように命令されたミリシア部隊が、反発して召集に応じないことがあった。こうしたミリシアの行動は合衆国憲法の創設後も変わらなかったが、一八四〇年代に入ると、ミリシアが市民に銃を向けることが増えていく。

一九世紀半ばまでは、暴動が起こっても治安当局は武力鎮圧するのではなく、襲われている人々を保護することで対処していた。表3-2にある一八三五年のボストン暴動が典型であった。それは、市民が奴隷制反対運動に抗議して騒ぎを起こしたものであった。奴隷制廃止の中心人物であったロイド・ギャリソンが暴徒から襲撃されると、ボストン市はギャリソンを救い出し、暴徒の手が及ばない刑務所にかくまった。暴徒たちの怒りが落ちつくまでの時間を稼ぐことで、暴動を起こした人々との間で穏便な解決を目指したのである。

こうした対応の背景にあったのは、暴動もまた「人民」の意思の表現であるという考えである。政府が無残にその意思を踏みにじることは、はばかられたのである。また、治安の維持にあたるミリシアが暴動鎮圧に協力するかどうかも、政府側は考えねばならなかった。

歴史家ソール・コーネルは、一九世紀前半までのミリシアを理解しようとするとき、その隊員が抱いていたアメリカ特有の権利意識に注目せねばならないと記している。政府に忠実に従うことは、ミリシアの任務でないと隊員たちが考えていたというのである。一人一人の隊員たちには、政策の是非を判断し、その判断に基づいて行動する権利があった。政府が不当な政策を押し通すために、その政策に反対する人々を取り締まろうとするのなら、その取締りに加担しない権利を、ミリシア隊員は持っていた。こうしたミリシアの権利は、陪審員が裁判で法律の正当性を判断するのと同じものであったと、コーネルは述べている(Cornell, *A Well-Regulated Militia*, pp. 81–82)。

連邦政府であれ州政府であれ、ミリシア隊員がこのような考えを持っているのなら、反乱や暴動の鎮圧に出動させることは難しい。さきに、一八二四年にミリシアの強制訓練に反対して起きたペンシルヴェニアの抗議パレードを紹介したが、それが政府の愚弄にとどまるものであったから良かったものの、もし武器を持ち出した騒乱になれば、大変である。暴動が起こったとき、ミリシアは治安を守るかもしれないし、州政府への攻撃をはじめるかもしれない。まさに危険な存在で、政府にとって諸刃の剣であった。

ミリシア訓練を忌避する市民が都市部で増えていったことは、州政府にとっては幸いであった。暴動が増大していった時期、州政府は治安維持に出動するミリシアを、信頼する指揮官と兵員で再組織できたからである。再組織されたミリシアは一七九二年ミリシア法が規定するものとは、まったくちがった。この法では一定年齢の白人男子をすべてミリシア兵としていたが、一九世紀半ばのミリシアは州政府の選んだ人々を部隊員とした。一八四〇年代以降、暴動を武力で鎮圧するようになっていくが、その背景はミリシア部隊の変化と関係していたのである。

もっとも、ミリシア隊員を州政府が選ぶようになったと言っても、選挙で政党に協力した報酬として公務員になれていた時代のことである。その選び方も独特であった。民間人が自主的に集まった団体を、州政府はミリシアとして認定したのである。

それは、市民団体を州が公認する方式であった。まず有志が集まって部隊規約を制定し、それに基づいて隊員を募集する。隊員は銃も制服も自費で調達することになっていた。予定していた隊員が集まると、州政府に対してミリシア部隊としての認可申請が提出された。部隊が州の定めた基準に達していると州政府に判断されれば、正式に州のミリシア部隊となり、武器購入などの支援を受けることができた。

植民地期から、ミリシア部隊の中核は自主的にミリシアに参加する隊員であった。政府や指揮官が召集してもミリシア義務のある者が集まらないことが、しばしばであったためである。こうした状況が一九世紀半ばには一歩進んで、ミリシアは市民団体に自主的に入った志願者《ヴォランティア》の集まりになった。

こうした市民による部隊づくりは、一面で、州政府が担うべき業務を市民団体が肩代わりしてくれるものであった。基本的兵装と募兵、そして兵員の訓練を、隊員たちは自分たちの負担でおこなったので、州政府は税金の投入も政府職員による事務作業もしなくてすんだのである。また、ミリシアの設立者は多くの場合、政党関係者であったから州政府指導部としても信頼できた。

3　メキシコ戦争を戦った兵士たち

新しいミリシアの戦争

「わが国が平時に大規模な常備軍を持つのを認めたことは、これまで決してありませんでした。それは自由な制度の気風に反し、人民に巨大な負担を課するうえに、公共の自由にとっても危険です。領土の保護と防衛は市民兵《シチズン・ソルジャー》に頼らねばならないのです」。

これほどミリシアを褒め称えた言葉はない。市民兵とはミリシアのことであったが、それが国防の基本というのである。

発言者は、一八四五年から一八四九年まで大統領を務めたジェイムズ・K・ポークである。

これは彼が大統領に就任した年の年次教書の一節で、ミリシアこそアメリカ防衛の要であり、とくに辺境に住む人々は一番の愛国者で、有事に際して即座に行動する点で、もっとも頼りになる兵士と主張した。

ポーク大統領はジャクソン大統領と同じテネシー州出身の政治家で、ジャクソンの後継者を自認していた人である。前述したとおり、ジャクソンはミリシアなど戦争の役に立たないと述べていたのに、なぜ、こんなことを言ったのであろうか。

ここには時代の変化がある。

ジャクソンは、イギリスを相手にした一八一二年戦争の指揮をとって、ミリシアの不甲斐なさを思い知った。ポークは、この演説をおこなったとき、戦争をはじめようとしており、どうしてもミリシアと辺境住民の支持が必要であった。その戦争とは国境紛争に端を発したメキシコとの戦争である。

この教書はポークのメキシコ政策を発表する場でもあり、演説での発言が翌年のメキシコ戦争の引き金になる。ポークと対立していた人々は、ポークの属する民主党が、アメリカを戦争に追いこんでいることを懸念していた。なぜなら、メキシコとの紛争は民主党の政治家が深くかかわっていたためである。

国境紛争の原因は「テキサス共和国」にある。それは、アメリカからメキシコに移民した人々が創った独立国家であった。メキシコはもともとスペインの植民地で、独立して新政府を創ると、国土開発のためにアメリカからの移民を奨励した。ところが、移民が大挙到来して奴隷制農業を広げると、アメリカからの移民停止に踏み切る。アメリカから移住していた人々は、これを不服としてメキシコからの独立戦争をはじめ、テキサス共和国を設立したのである。そして一八四五年、アメリカ政府との交渉の末、テキサス共和国はアメリカと合併することになった。これに伴い、アメリカの一部となったテキサスとメキシコとの間の国境線をどう定めるかをめぐって、紛争が発生した。

テキサス共和国の国家元首はサム・ヒューストンである。アメリカでテネシー州知事を務めた人物で、ジャクソン大統領を支えた民主党員でもあった。彼はテキサスが合衆国に併合されると、あらたに州となったテキサスの知事となる。ポーク大統領もテネシー出身の民主党員であったから、メキシコ戦争を民主党員が企んだ戦争と人々が思ったのは当然である。

民主党と対立していたホイッグ党は、戦争に強く反対していた。開戦の二年前の大統領選挙でポークに敗れたホイッグ党のヘンリ・クレイは、ケンタッキー州から選出された政治家であったが、ケンタッキー州政府はクレイの意向に沿って動き、戦争協力を拒絶する。ポークがテキサスへの出兵を要請してもミリシアは動かなかったのである。一八一二年戦争でニューイングランド地方の諸州がおこなったように、ケンタッキーは連邦政府に対抗する姿勢をとった。

ポーク大統領はこうした抵抗を、志願兵を組織することで排除した。ミリシアは州の軍隊である。しかし、志願兵部隊は市民が組織するものであり、連邦政府が州民に直接訴えて成功したなら、州政府も州民の願いを聞かざるをえなくなる。

ポークは正規軍のザカリー・テイラー少将に、メキシコ国境の警備のため、ケンタッキー州ミリシアを指揮するように命じる。しかし、ケンタッキー州政府は何ら協力する姿勢を見せない。そこで、テイラーは州政府との提携に見切りをつけた。州政府ではなく、州民に直接呼びかけて、正規軍の指揮下に戦う志願兵部隊を募ったのである。このとき、陸軍省が州知事に送ったミリシア動員の手紙は、州知事の手に届く前に、その内容が志願兵募集所に伝えられていた。州政府が新聞で兵員募集の広報をおこなうのが通常であったが、テイラーは州政府に頼るつもりがなかったので、州民に先に周知したのである。

テキサスの住民にはケンタッキーから移民した者が多かった。メキシコがアメリカとの国境線に不満を抱き、テキサスに軍事的圧迫を加えているのを知ると、テキサスに住む親族や友人に味方しようと、志願兵への応募が殺到したのである(Rowe, *Bulwark of the Republic*, pp. 120–121.)。

大勢の志願兵たちが州の部隊としての公認を求めると、州知事も拒絶できない。そのようなことをすれば、選挙になったとき、自分をはじめ、ポークの戦争に反対したホイッグ党員が大敗してしまうからである。州政府は選挙結果を怖れたため、志願兵部隊を州のミリシアと認定した。

メキシコ戦争はアメリカが勝利する。メキシコはアメリカ側の主張してきたテキサスとの間の国境線を認めたうえ、カリフォルニアとニューメキシコを割譲することとなった。こうした勝利を獲得できたのは、アメリカ合衆国の歴史で初めて国外を主要な舞台とした戦争を、三年間の長きにわたって戦い抜くことができたからである。一八一二年戦争時代のミリシア兵では、こうした遠方での長期の戦いはできなかった。志願兵部隊は、自分の意思で戦争が終わるまで戦い抜く覚悟を持った人々から構成されていた。正規軍の規模は小さくとも、その指揮下に多数の志願兵部隊が編入されたことで、アメリカはそれまでのミリシアとまったく違う戦い方をすることができるようになった。

志願兵部隊の実態——資産家と若者、そして移民

メキシコ戦争を戦った志願兵部隊には、どのような人々が集まっていたのであろうか。ここで志願兵部隊の実態を見てみよう。例とするのは、中西部インディアナ州の州都インディアナポリスである。この街の志願兵部隊に、映画化されたことで有名な小説『ベン・ハー』の著者ルー・ウォーレスが参加していた（図3-3）。彼の自叙伝は南北戦争期までの志願兵部隊の事情をよく伝えている。

図 3-3　ルー・ウォーレス（1865 年頃）

インディアナポリスは、一八四〇年代、人口が八千人に達しようとしていた。そこでは、地元の有力者を集めて、ウェストポイント士官学校の卒業生が新発売された銃の操作法とそれを用いた戦闘技術を指導していた。前述したように、志願兵部隊は銃も制服も自弁であったから、隊員は資産のある中年層である。彼らが週末におこなう訓練は、金持ちがスポーツ・クラブを創って余暇を楽しむかのようであった。そうした訓練は金銭に余裕のない若者の関心もひいて、学生であったウォーレスも部隊に参加することとなる。

彼はメキシコ戦争が勃発したとき一九歳で、法律家になるための準備をしていた。しかし、自らの属するインディアナ州ミリシアに出征希望者が少ないのを見て、独自に部隊を結成することを決意し、募兵事務所を開く。すると中隊を組織できるだけの人数が集まった。そこで州に公認申請すると、難なく許可された。州政府としては連邦から派遣要請された部隊数が多かったので、中隊規模の募兵でも助かったのである。この後、正規軍士官の査察を受けて、ウォーレスの部隊は正規軍に編入された。

　ポーク政権が開戦にあたって募集した志願兵の数は五万人である。その兵役期間は一年間か終戦までで、どちらにするかは州政府や各部隊が選べることとなっていた。もともと志願兵部隊に参加していた資産家や若者のなかには、命がけの冒険を望んで兵士になった者がいる。彼らは事前に軍事訓練を積んでいたこともあり、士官や下士官になる。その一方、彼らの配下で働いた兵卒は、その多数が金銭を得るために志願した人々であった。募兵にあたって、月収七ドルで生活費不要という勤務条件が提示された。このときのアメリカ社会が不景気なこともあって、これを見た多くの生活困窮者を兵役に志願させた。

　とくに、移民したばかりで、まだアメリカ国籍を取得していない人々に、志願者は多かった。たとえば、その一人、フレデリック・ゼーは一八二三年にドイツのバイエルンに生まれて、一八四六年の開戦時、渡米したばかりであった。数カ月間、中西部とペンシルヴェニアで良い仕事先を探したものの見つからず、貯金も底をついたので、同年末に軍に入ったのである。

「兵士になった理由は、移民した国への愛からなどでは、まったくありません。……国全体で景気が悪く、軍隊だけが繁盛していました。そうしたときフィラデルフィアで、ペンシルヴェニア第一歩兵連隊に属する二つの大隊が兵員を募集していました。その一つはドイツ人ばかりであったものの、すでに締め切っていて、もう一つに空きがあったのです」と、ゼーは述べている（Zeh, *An Immigrant Soldier in the Mexican War*, p. 4）。

一八三〇年代の正規軍では、三人のうち二人が外国生まれで、その多くがイギリスやドイツ、アイルランドからの移民であったという。メキシコ戦争の場合、米国籍を持たない移民たちが、実に兵卒の半数に達した。安定した職が見つからずに困窮していた者が軍に入ることで、アメリカの戦争は支えられた。

士官と政党政治――政治家の選挙を支えた志願兵部隊

州から集められた志願兵部隊は、正規軍にとって厄介な存在であった。彼らはミリシアである。市民兵の精神の体現者であった。自分たちは職業軍人ではない、軍に志願した「自由な市民」であると、何かと言えば主張して、正規軍の命令に反抗した。しかし、そうした行為を処罰するのは難しかった。なぜなら、志願兵は連邦の政治家に圧力をかけることができたからである。

一八四七年二月一三日、アーカンソー州志願兵部隊はアグア・ヌエヴァで子供を含めて男女三〇名を虐殺した（図3-4）。それは、部隊の士官一人が殺害されたことへの報復であった。戦争に巻き込まれるのを怖れて洞窟に避難していた人々を無慈悲に殺害したことは、アメリカ国内でも報道され、轟々たる非難が巻き起こる。正規軍を統率するテイラー将軍も激怒したが、この部隊の指揮官アーチボルド・イエル大佐はアーカンソー州の元知事で、ジャクソン大統領

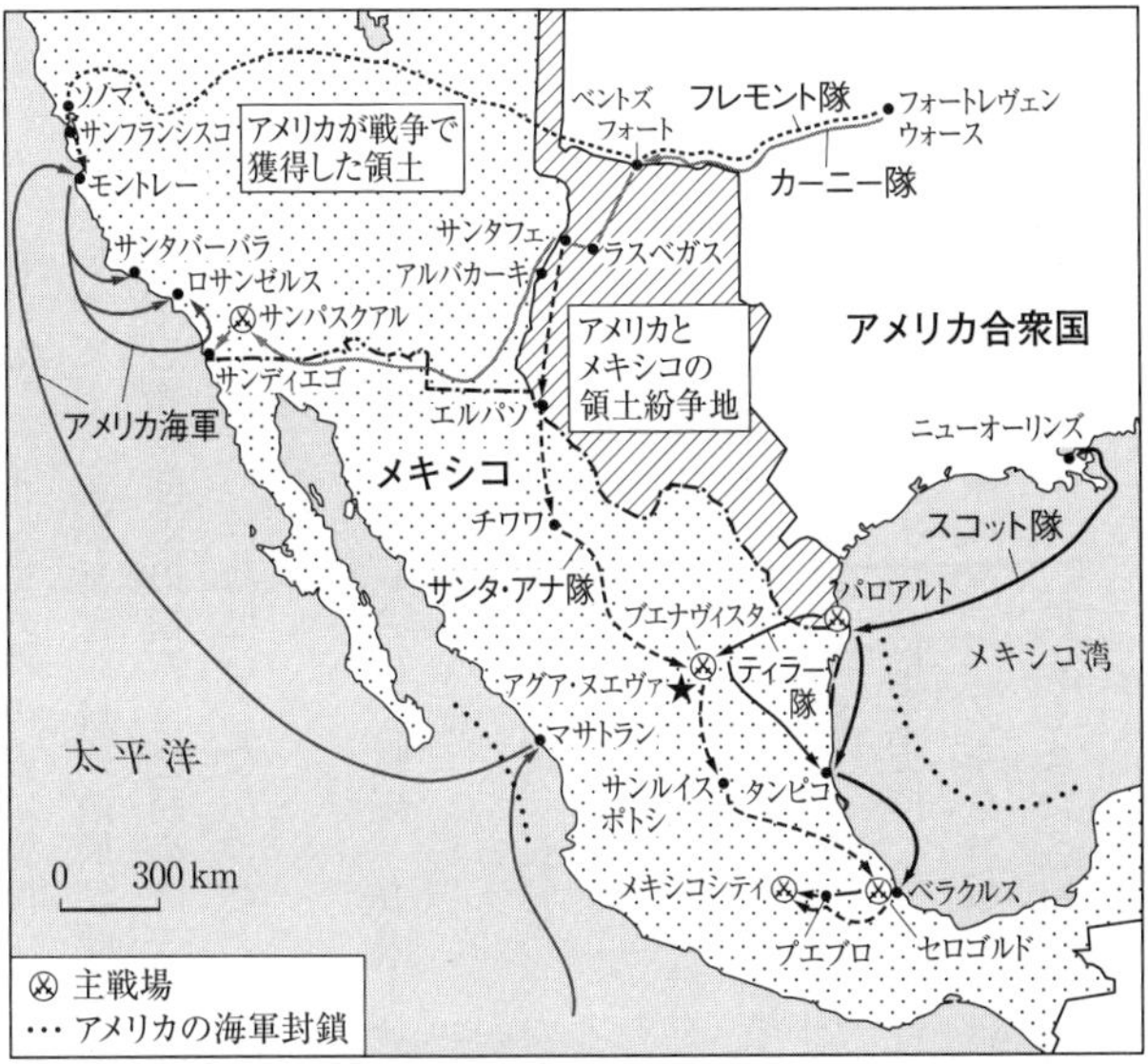

図 3-4　メキシコ戦争での主戦場．虐殺のあったアグア・ヌエヴァは激戦地ブエナヴィスタの南西にある．ウィンフィールド・スコット，ザカリー・テーラー，スティーヴン・カーニー，ジョン・フレモントらのアメリカ軍が，アントニオ・ロペス・デ・サンタ・アナの率いるメキシコ軍と戦った

の友人であった。彼を補佐するジョン・ロアンは州下院で議長を務めていた人物で、戦後は州知事となる。

ポーク大統領と親しい人々を罰することなど、正規軍の軍人にできるわけがなかった。正規軍士官の配属や昇任にあたっては、大統領と連邦議会上院が大きな権限を持つ。志願兵部隊の士官には州政府要人の関係者もいたので、そうした士官を正規軍が処罰などすれば、恨みを抱いた人々が州政府を通じて大統領に働きかけた。処罰をした正規軍の担当者に報復がおこなわれたのである。正規軍の指揮下に置かれているといっても、志願兵部隊は州政府が認定したものであり、統率は困難を極めた。

政治家たちが志願兵部隊の指揮官を務めたことが問題であった。ただ、それだけではなく、若い士官たちにも気をつけねばならなかった。彼らはやがて政界に進出する人々であったためである。

先に述べたルー・ウォーレスは、戦後、弁護士資格を取得して法律家として開業する。その後、一八五六年に州上院議員に当選した。メキシコ戦争に参加した若者の一人にジョン・ローガンがいる。彼はウォーレスより一歳年長であったが、イリノイ州で大隊を組織して士官になった。戦後は一八五三年に同州の州下院議員になった後、一八五九年には連邦下院議員になる。志願兵の士官たちはメキシコ戦争で戦友と固い絆を結び、士官が選挙に出馬すると、志願兵部隊の隊員たちは当選させるために尽力した。志願者によって再組織されるようになったミリシア組織は、一面で、政党の選挙基盤ともなっていたのである。

志願兵たちはポーク民主党政権を支持して戦争に参加したのであったから、ウォーレスもローガンも民主党の政治家になる。メキシコ戦争時はいまだ二〇歳前後の若者であったとはいえ、正規軍の軍人たちにとって、彼らもまた、自身の出世を左右するかもしれない人々であった。

第４章

転機としての南北戦争

F・F・ウォーカー作「ボルティモアを通過するマサチューセッツ州ミリシア」(1861 年). 南北戦争開戦で首都ワシントンに向かう B・バトラーの部隊が，南部連合を支持する市民と戦う場面を描いている

1 総力戦を戦った人々

戦争によって開けた差別解消の道

志願兵部隊は政党と結びついて発展した。アメリカのミリシアの特徴は、政党の要人がミリシアの高級士官を務めるところにあった。一八六〇年代、そうした特徴はそのままにして、士官と兵員に大きな変化が起きる。

イギリス系の住民から差別されてきたカトリック系の人々がミリシア部隊を組織したり、軍への参加が制限されてきた自由黒人や黒人奴隷が白人と同じようにミリシアに入隊したりするようになったのである。

こうした変化を生みだしたのは、南北戦争であった。

それはアメリカ史上で最大の犠牲者をだした戦争である。人口三千万の国家で六二万人も戦死したのであった。国家財政について言えば、連邦政府は開戦前夜に年間六三〇〇万ドルで運営されていたが、戦争の最終年には、この金額をわずか二〇日で消費していた。無論、それだけの収入が連邦財政にあるわけもなく、その三分の二が借金になった。南北戦争は、まさに人々の命と財産の総力を挙げて戦う総力戦であった。

この戦争は奴隷制廃止をもたらしたことで、よく知られている。人種の平等に向けた大きな一歩になっただけでなく、アイルランド系やドイツ系の差別解消にも貢献した。そして、平等に到る道を準備することになったのは、軍隊勤務であった。

そうした変化の道程を述べる前提として、まず南北戦争の背景を説明しよう。凄惨な戦争がなぜ起こったのか、その原因を一つに絞ることは難しい。ただ、直接の原因ははっきりしている。

それは政党間の対立であった。新興政党である共和党から新大統領が選出されたことに不満を持った人々が、自分たちの暮らす州を連邦から脱退させて、脱退した州で新連邦国家を創った。大統領は連邦からの脱退と新国家設立を認めず、戦争になったのである。

詳細を述べると、一八六〇年一一月、大統領選挙でエイブラハム・リンカンが当選した。すると、彼のもとでの連邦にはとどまっていられないと宣言して、一二月にサウスカロライナ州が連邦から離脱した。翌年一月に追随する州が現れ、二月にはそれらの州が集まって「アメリカ連合国」(以下、南部連合と記す)が結成される。そして南部連合は、連邦政府がサウスカロライナ州に保有していたサムター要塞の引渡しを要求する。リンカン政権がこれを拒絶すると、四月一二日、武力で奪おうとした南部連合と交戦状態になった。

南北戦争開戦に揺れた士官たち

戦端が開かれると、ウェストポイント陸軍士官学校を卒業した人々の多くは、身の振り方に迷うこととなった。彼らが何に悩み、どう決断していったかを見ると、一九世紀アメリカの軍隊がよくわかる。そこで二人の軍高官を取りあげてみよう。その二人とは、日本でもよく知られているウィリアム・テカムセ・シャーマンとユリシーズ・グラントである。

シャーマンは、南北戦争でリンカン大統領を助けて戦いを勝利に導き、戦後は正規軍の総司令官になる。しかし、戦前の彼は三三歳で退役して民間で働いていた。開戦直前、陸軍省での仕事を斡旋されたものの、辞退をしている。

「私の家は大家族です。奴隷制を守ろうとする州が連邦を脱退したのが原因で、働いていたルイジアナの仕事を辞めることになったとき、私は一刻も早く動かねばならないと思い、連邦首都ワシントンを急ぎ訪れましたが、就職先が見つかりませんでした。それで、セントルイスに来て、いまの会社で職を得たのです。家も借りて、果たすべき仕事もあります」と、仕事を紹介してくれた人に述べている(*Memoirs of General W. T. Sherman*, p. 188)。

シャーマンは父を早くに失い、経済的負担のない士官学校に入った人である。彼の後ろ盾になったのは弟ジョンであり、ジョンは共和党の政治家として成功し、一八六〇年選挙では連邦上院議員に当選していた。陸軍省への就職斡旋も、ジョンの助力があってのことであり、陸軍次官になる話も進んでいた。しかし、シャーマンはせっかく得た鉄道会社の職を諦めたくなかった。サムター要塞が攻撃されると、結局、正規軍大佐の職を引き受けざるをえなくなったが、軍よりも民間の方が魅力的であったのである。

グラントは、士官学校でシャーマンの三年後輩である。彼もまた、三二歳で正規軍を辞して民間の職につき、転職を重ねた末、イリノイ州で父の営む皮革業で働いていた。失敗続きの人生をおくってきたグラントにとって、南北戦争は運命の転機であった。イリノイ州で志願兵を募ることになったとき、共和党の連邦下院議員であったエリフ・ウォッシュバーンの推薦を得て、志願兵部隊を組織することになる。そして、州知事から志願兵部隊の大佐に任命されると、戦功をあげてリンカン政権から陸軍総司令官に任じられた。もともと、民主党支持者であったものの、戦時に築いた人脈から共和党と関係が深くなり、一八六九年、グラントは共和党の大統領になる。

シャーマンもグラントも開戦時は民間人であり、シャーマンは上院議員を務める弟の、グラントは地元の下院議員の引き立てがあって、軍務に就いた。政治学者サミュエル・ハンティントンはその名著『軍人と国家』で、南北戦争までのウェストポイント陸軍士官学校は技術者養成が目的で、職業軍人のための教育はきわめて薄かったと述べている。実際、その卒業生は、連邦の軍事予算が切り詰められていたため、正規軍で働き続けても昇任と昇給が期待できなかったから、三〇歳代で民間企業に転職していた。

そうした人々が戦時になると、政治家の力で正規軍や州のミリシアの指揮官になったのである。一九世紀のアメリカは政党国家と言われるが、政党や政治家が推してくれなければ、軍の指揮官になれなかったのである。

内戦の実相——州間戦争と政党間の政争

リンカンを嫌って連邦から脱退した諸州はすべて、奴隷州であった。奴隷州とは奴隷制を合法化した州のことで、自由州と呼ばれる奴隷制を認めない州と対立を深めていた。

この対立を激化させたのが、前章で述べたメキシコ戦争である。アメリカはこの戦争に勝利することで、太平洋岸のカリフォルニアまで自国領とするが、この領土拡大はアメリカ社会に深い亀裂をもたらした。メキシコ戦争を主導したのは奴隷主で、彼らは連邦政府を壟断《ろうだん》していると憤る人々が増え、そうした人々は奴隷主の権力《スレイヴ・パワー》という言葉を用いるようになる。

連邦政府の運営を担った中心人物は、確かに奴隷所有者ばかりである。建国後の四八年間で、大統領を務めた者のうち奴隷を所有していなかったのは、ジョン・アダムズとその子ジョン・

クインシー・アダムズのみである。二人とも再選のかかった選挙で奴隷主の候補に敗れた。このため、一期四年で職を辞したのである。ポーク政権によるメキシコ戦争が国民の反対にあったのは、他国侵略が問題とされたこともあったが、それ以上に、奴隷主への批判もあった。奴隷主が連邦政府を利用してメキシコから領土を奪い、そこで奴隷を酷使した農業をおこなうことが許せなかったのである。

奴隷主に反対する人々は共和党を結成した。その党から大統領が生まれると、連邦政府のなかにとどまっていては、州の発展ができないと考えた人々によって、奴隷州のいくつかが連邦から脱退した。

つまり、党争が州間戦争となったのが、南北戦争である。南北戦争は、確かに奴隷制が原因となって起きたものであるが、それは事実の一面にすぎない。リンカン大統領をはじめとする共和党の穏健派は、連邦制の下で奴隷制が容認されていることを強調し、奴隷州が州内で奴隷制をおこなうことを不問にしていた。

また、奴隷制を禁止した北部において、共和党と対立した民主党は強い勢力を持っており、南部との戦争に踏み切ったリンカン政権を批判していた。南部連合の支配地を南部、リンカン大統領の支配を認めた連邦の支配地を北部と呼ぶが、北部が反奴隷制を掲げて一枚岩になっていたわけでは決してなく、北部でも奴隷制容認派は多かったのである。

したがって、南北戦争の勃発時、リンカンがミリシアを動員することは困難であった。隊員の同意がないと、ミリシア兵は動かないからである。ここで、ミリシアがいかに動員されたのか、北部の状況を見てみると、そこには様々なドラマがあった。前章で取りあげたルー・ウォーレスとジョン・ローガンの出征で、それらを描いてみよう。

ウォーレスは南北戦争が勃発したとき、弁護士としても政治家としても、順調な人生を送っていた。ただ、彼が住むインディアナ州でも、新政党である共和党が勢力を拡大し、知事となっていたオリヴァー・モートンも共和党であった。メキシコ戦争で売り出して民主党員となったウォーレスにとって、知事は政敵なのであった。ただ、アメリカの政党は政策を重視しない。モートン自身、共和党に未来があると見て、民主党から共和党に転じた人であった。

ウォーレスは開戦が近づくと、モートンに面会した。そして、自分もまた民主党から離れると告げて、提携を持ちかける。するとモートンは、ウォーレスを優遇してミリシアを統括する州軍務局長の地位を与えた。そして、連邦に派遣されるミリシア部隊の司令官に任命した。

ローガンもまたミリシアの司令官となるが、彼の任命には時間がかかった。

彼の地元イリノイ州は、リンカンの地元でもあった。しかし、同州は地図(図4-1)を見ればわかるとおり、奴隷州の間にくさびを打ったかのように挟まれている。このため、イリノイ州南部の住民は奴隷州との行き来が頻繁で、家族や友人に奴隷を保有する者も多くいた。このた

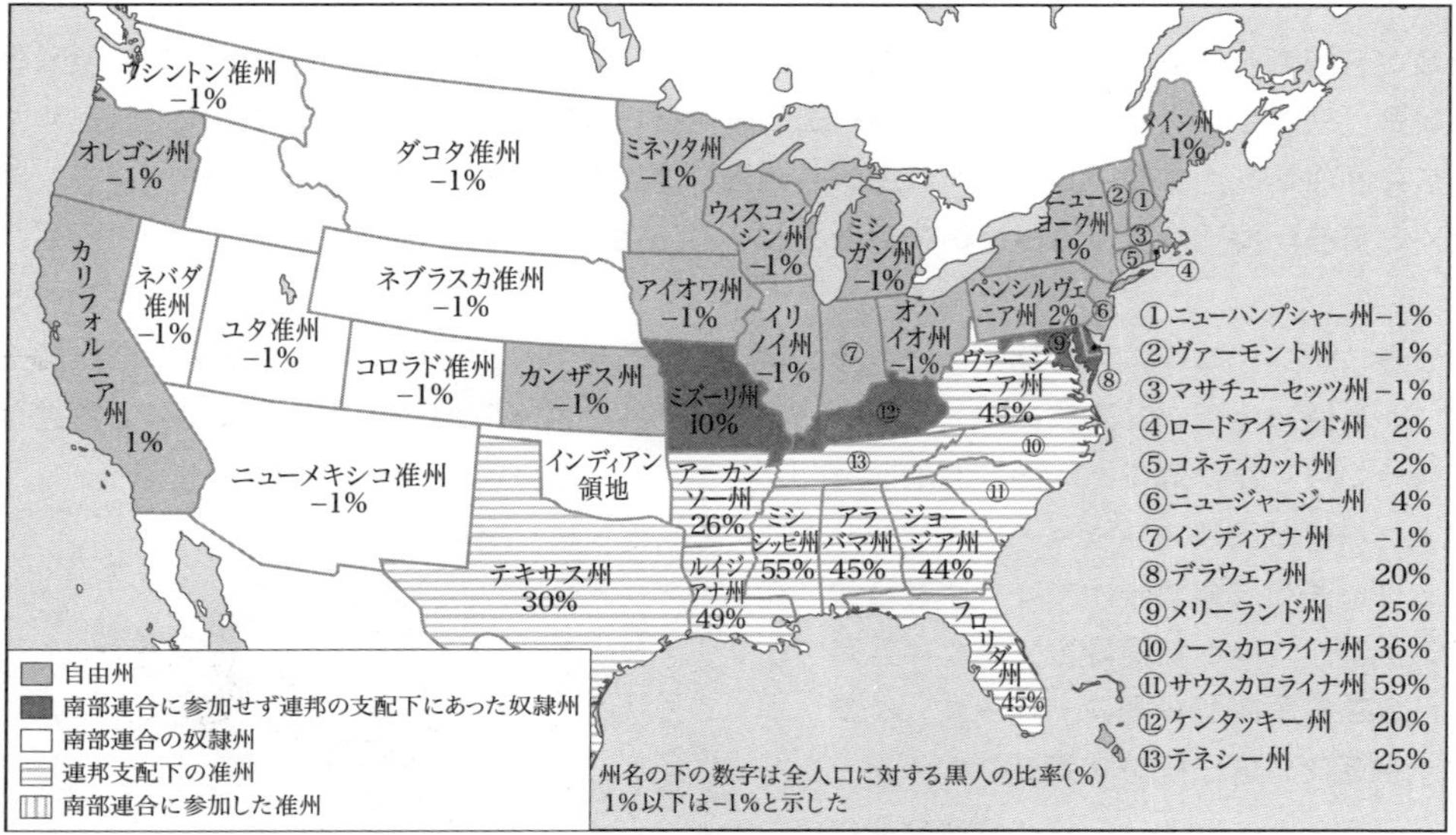

図 4-1　南北戦争時の自由州と奴隷州

図 4–2　1884 年大統領選挙のポスター．ミリシア士官から政界に進出したジョン・A・ローガンが共和党の副大統領候補として右下に描かれている

め、リンカンに反対して南部連合に味方する声が強かった。

そうした地域から選出された連邦下院議員を、ローガンは戦争勃発時に務めていた。彼はリンカンの政敵であり、一八五八年選挙ではリンカンと上院議員の座を争ったスティーヴン・ダグラスに協力して、ダグラスの勝利に大きく貢献した。このように、共和党のリンカンと対立する民主党の政治家であったから、彼は慎重に事態を見極める。州民主党と地元住民が、果たしてリンカンの戦争に協力するかどうかを、二カ月かけて、確かめたのである。

時間をかけねばならなかったのは、州内での暴力を避けるためであった。党と地域の支持のないまま、ミリシアを動かせば、南部連合に同情する州民との一戦を覚悟せざるをえない。ユリシーズ・グラントは、その回顧録でこのときの南イリノイの情勢を述べているが、敵方である南部連合の軍隊に入隊する者もあれば、リンカンの軍隊がイリノイを鉄道で通過するのを武力で妨害しようする者もあったのである。

ローガンはそうした地元民を抑えるだけの手筈を整えた後、ユリシーズ・グラントの兵営を訪れる。そして連邦の敵の撃滅は正義の戦いであると、燃えあがるような激烈な演説をおこなう。戦争支持派に転じたローガンを見て、リンカンは喜び、報奨としてイリノイ州部隊の大佐に任命するよう手配する。それはローガンを共和党員にする工作でもあった。この目論見は見事に成功し、南北戦争中、彼は共和党を代表する政治家になっていく(図4-2)。

野獣将軍バトラーの誕生――リンカン大統領の戦争指導

リンカン大統領はアメリカの政治風土が生んだ典型的な政党政治家である。新聞などのメディアを利用して有権者の歓心を買い、官職や政府予算を餌にして政治家を丸め込む手管にたけていた。

リンカンといえば奴隷解放をなしとげたことで著名である。奴隷制廃止は、一八六五年、憲法修正第一三条で達成されるが、この条項を連邦議会で通過させることができたのは、ひとえにリンカンの多数派工作の能力、そして目的のためには手段を選ばぬ覚悟があったからである。

政治家としてのリンカンの手腕は、南北戦争の指導で遺憾なく発揮される。

ローガンを大佐に任命したのは、彼を味方にして、北部に数多く存在した南部への同調者が、暴動や反乱を起こすのを抑えるためであった。役職や利権で民主党員の協力をとりつけ、可能

図 4-3　ベンジャミン・バトラー（1860-65 年頃）

ならば彼らが共和党員になるように誘った。すでに一八六〇年大統領選挙の前夜から、こうした工作はおこなわれており、リンカンが陸軍長官に任命したサイモン・キャメロンも元民主党員であった。キャメロンはリンカンを選挙で支援すれば、連邦政府の役職と利権が手に入ると見て、共和党員となったのである。

リンカンが北部の民主党員を優遇しているのを見て、進んで彼に接近した男もいる。その名はベンジャミン・バトラーである（図4-3）。リンカンによって少将に任命された後、南軍への容赦ない態度で著名になり、野獣《ビースト》とあだ名されることになった。

バトラーを嫌う者は、彼を変節漢となじった。リンカンが当選した一八六〇年選挙では、バトラーは南部連合の大統領になるジェファソン・デイヴィスを民主党の大統領候補にしようとしていた。つまり、奴隷制を容認していたのである。ちなみに、この年の選挙では、彼自身も自州マサチューセッツの知事選挙に立候補している。民主党からはスティーヴン・ダグラス派のエラスムス・ビーチが候補として選ばれていたが、北部の立場を前面に出したビーチとは異なる南部民主党派の候補として出馬したのであった。選挙結果は惨憺たるもので、バトラーは投票者の四パーセントの支持も得られずに落選している。

このように南部との強い関係を持っていたバトラーは、落選すると直ちに、リンカン大統領の陣営に馳せ参じるための準備をする。奴隷州はリンカンと一戦に及ぶと予想し、この戦いこそ、政治の世界で成功する絶好の機会と見たのである。バトラーは大学卒業後、マサチューセッツ州ミリシアに志願して、連隊を指揮する大佐になっていた。この部隊とともに、自分をリンカンに売りこんだのである。

その出征までの経緯を彼の自伝に基づいて述べてみよう。

バトラーはまずサイモン・キャメロン陸軍長官に電報を送る。キャメロンは元はバトラーと同じ民主党員であったため、旧知の間柄であった。マサチューセッツ州にミリシア派遣を依頼するなら、司令官となる将軍も送るように、知事に命じて欲しいと頼んだのである。これに成功したバトラーは、次に、友人の銀行家に交渉して、ミリシア出兵に必要な金額を州に貸し付ける約束を取り付ける。実はこのとき、ミリシア部隊を連邦に派遣する予算を州政府は組んでいなかった。このため、州政府がミリシア部隊を早急に派遣するとなれば、部隊を準備し、予算も都合していたバトラーに頼るしかなかったのである。

この工作が成功し、バトラーは首尾良く連邦に派遣される。すると、他州に先駆けて連邦首都ワシントンに到着したバトラーをリンカンは厚遇し、少将の地位を与えた。

歴史家ベントン・パターソンによれば、戦争初期にリンカンは将軍職を「政治的報酬やご機嫌とり」のために配分していたという。年に一度の集中訓練期間があったとはいえ、ミリシア兵の軍事経験はわずかである。少将に任じられたバトラーであったが、その軍事経験といえば、祝祭での軍事パレードが主なものであった。そうした人物を指揮官にして、前線に投入したのである。無謀なことをあえてやってのけたのは、州の有力者に将軍職を与えて懐柔せねば、北部をまとめていくことができないと、リンカン大統領が考えたためであった。

2　南北戦争下の特異な軍事動員

国境を越える革命の戦士——国籍不問の志願兵文化

プロイセンのヘルムート・フォン・モルトケ将軍は、南北戦争を「武装した暴徒の殺しあい」と評したという。彼はドイツ統一戦争で活躍した生粋の職業軍人である。陸軍幼年学校から陸軍大学に進み、参謀総長を務めたモルトケにとって、南北戦争は異世界の抗争であった。

リンカン政権の軍隊は北軍、南部連合の軍隊は南軍と呼ばれたが、そのいずれの兵員も、国家や国民の名誉を賭けて争っているようには見えなかった。メキシコ戦争の場合と同じように、外国人が金銭のために軍に入隊しているのも、プロイセンとは異質であった。また、ヨーロッパで革命を起こして失敗した人々が、アメリカで志願兵となって戦っていることも、上流階級に属したモルトケには、「暴徒」の紛争と映ったであろう。

移民国家であるアメリカの軍隊を理解するには、国境を越えて行き来する人の移動に目を向けねばならない。一九世紀において、外国人の志願兵を戦争で活用することは、大西洋世界全体で広くおこなわれていた。一八一〇年代にナポレオン戦争が終わると、人々は金銭のために軍に加わるようになり、十分な報酬さえあれば国外の軍隊に入隊したのである。

一例をあげれば、前節に紹介したバトラー将軍の父ジョンも、そうした一人である。ジョンは一八一二年米英戦争を戦い、その後、中南米の革命軍に加わった。

スペイン植民地では一八一四年にフェルナンド七世がスペイン王に復位すると、スペインからの独立を果たそうと、シモン・ボリバルら革命家が有能な軍人を海外で募っていたのである。一方、スペインも対抗して外国人を雇用した。革命軍とスペイン政府軍の双方が、募兵活動で重点を置いた地こそアメリカであった。米英戦争終結で軍事経験を積んだ兵士が多数いて、彼らを多く雇うことができた。また、武器や移送に必要な船も、ヨーロッパに比べれば安価に調達できた。ちなみに、イギリスでも一八一七年に、ボリバル側が兵員と武器を調達している。

このような外国での兵員調達は、物議を醸す。当時はウィーン体制の時代であり、ヨーロッパ各国が協調して平和を維持しようとしていた。他国の紛争に兵員と兵器を送ることは、ウィーン体制を破壊する行為であった。そのため、スペイン政府は激怒して英米に抗議し、アメリカでは一八一八年に、イギリスでは一八一九年に、兵器輸出と兵員募集の規制法が制定された。しかし、それらの規制は実施するのが困難で、イギリスは一八五五年のクリミア戦争に際しても兵員を合衆国で募っているし、南北戦争では南部連合の海軍がヨーロッパで水兵を集めた。

このように、一九世紀前半、自国の軍で雇用されなくなった兵士は、外国で戦ったのである。そのなかには、植民地独立という理想に共鳴した者もいた。一方、政治には関心がなく、金銭だけが目的の者や、戦地で略奪活動をおこない、そこから得られる富だけをめあてに戦う者もいた。

ちなみに、戦争に乗じた略奪者の代表は海賊であろう。ただ、海賊のなかには、戦争のために政府から敵国船の攻撃許可を得た者もいるので、犯罪者とは限らない。政府許可を得ている者がおこなう海賊行為を私掠《しりゃく》といい、クリミア戦争まではヨーロッパ各国はもちろん、アメリカでも合法とされていた。

アメリカは中南米の戦乱で活躍する私掠船の基地となっていた。ラフェ・ブラウファルブによれば、一八一八年九月時点で、合衆国にはスペイン船を襲う私掠の団体が三九も存在しており、その活動範囲は大西洋から地中海、そしてフィリピン近海まで広がっていた。なお、そうした私掠船の乗組員の国籍は多様で、デイヴィッド・ヘッドの研究によれば、その大部分は戦闘で得られる報酬を目的として、私掠に従事していた。

志願兵や私掠で戦う外国人は一九世紀中葉になっても、減ることはなかった。中南米の植民地独立革命は終わっても、革命後の独立国家で内紛が発生し、戦乱が続いていたためである。そうした戦乱に飛び込むアメリカ人は多かった。もっとも有名なのは、一八五六年、ニカラグアで政権を奪取して大統領となったウィリアム・ウォーカーである。彼はニカラグアの自由主義勢力の要請に応えて志願兵部隊を組織し、カリフォルニアから出撃した。

アメリカは、このように志願兵の供給地となっていたのである。自国の革命運動で必要な兵員を求めて、ヨーロッパから渡米する者も多かった。一八四八年革命で敗れたジュゼッペ・ガリバルディやコシュート・ラヨシュらである。彼らとともに来た革命家の一部は、南北戦争が勃発すると、この戦争もまたヨーロッパの革命と同じ自由のための戦いと感じて、戦争に志願した者もいた。国民統一を求めたリンカンの思いに共感した者もあれば、リンカン政権からの自由を求めた南部連合に大義があると思う者もあったのである。

外国人が主体で結成された北軍の部隊として著名なのは、ニューヨーク第三九歩兵連隊である。この部隊はイタリア革命の英雄の名をとってガリバルディ・ガードの別称で知られている。

軍における差別体制——黒人と移民の排斥

一九世紀の南北アメリカ大陸では、外国人を兵士とすることがこのように普通におこなわれていた。しかし、軍に入隊させるのが誰でもよかったわけではない。人種や民族による差別が存在し、特定の人々の入隊を制限していた。

軍における差別体制は一八一二年戦争後に強まる。まず黒人を軍から排除するようになった。独立革命で黒人は革命軍にもイギリス軍にも所属していた。白人と黒人を別々の部隊に配置する人種隔離も、おこなわれなかった。独立革命では五千人の黒人兵がおり、一八一二年戦争では海軍兵員の二割が黒人であったと言われる。

無論、このことは当時の軍に差別がなかったことを意味しない。ただ、一九世紀後半まで、アメリカ軍が北米で戦闘をする場合、地理に明るく兵士としても優秀な先住民が、その戦闘を手助けすることが普通であった。海軍は能力と経験が最優先される職場であり、優れた船員であれば、人種にかかわらず歓迎された。先住民も黒人も部隊に参加していたのであり、白人だけで軍の活動をしていたわけでは決してない。

黒人だけの部隊も存在した。一八一二年戦争におけるニューオリンズの戦いに加わったアメリカ軍のなかには、カリブ海にあるサントドミンゴからの避難民で結成された黒人志願兵部隊や、ミシシッピ准州知事ウィリアム・クレボーンが創設した黒人ミリシアがあった。

しかし、そうした状況は一八一二年戦争が終結すると変わっていく。黒人の軍への入隊の道が狭まり、入ったとしても軍楽隊や補給関係の労務だけをおこなわせる州が増えていった。州政府のもとにあるミリシアで、人種による資格を問うようになったのである。それは、普通選挙制の普及とともに、選挙権を白人だけに限る州が増えた時期でもあり、志願兵制の拡大とも軌を一にしていた。

ただし、ミリシアが州の管轄であった以上、州によっては黒人の参加を広く認めるところがあった。ロードアイランド州では一八四一年にドアの乱が起こる。このとき、乱の鎮圧に貢献したのは黒人のミリシア兵であった。同州政府はその功績に報いるため、憲法を改正して黒人参政権を認める。このように州によっては、黒人の兵員としての参加を歓迎していたのである。ただし、奴隷制が存在しない北部全体を見ると、ロードアイランドは異例であり、他の州の黒人たちは、ミリシアに参加する権利の拡大を訴えていた。彼らにとって、黒人だけでミリシア部隊を創設することが、一番の目的であった。

他方、奴隷制を認めていた南部の州では、まったく状況が異なっていた。一八三一年、ヴァージニア州で奴隷反乱が起きる。ナット・ターナーは八〇名ほどの仲間を集めて白人を襲撃し、六〇名余りを殺害したのであった。こうした奴隷による蜂起を経験した南部では、奴隷の反乱防止や逃亡監視がミリシアの日常的な業務となっていた。黒人にミリシア参加の権利を認めるなど、論外なのである。ただし、ミリシア部隊が白人だけの世界かといえば、そうではない。奴隷州の士官は、軍務に際して身のまわりの世話を奴隷に任せることが多かった。

一八四〇年代になると、黒人差別だけでなく、移民排斥を説く声も強くなる。先述したとおりメキシコ戦争では、アメリカ国籍を持たない移民が数多く軍に入隊した。彼らが戦勝に貢献したのは確かであった。しかし、もともとの住民がプロテスタント教徒であったのに対して、移民たちのなかにはアイルランド系やドイツ系など、同じキリスト教徒であっても教義の違うカトリックの人々が数多くいた。カトリックを軍で武装させることに、不安を感じる住民も多かったのである。

このため、州の軍隊であるミリシアからカトリック系の移民を締めだそうとする勢力が現れる。もっとも著名なのは、ノーナッシング党である。この党はもともと秘密結社として活動していた。党名の由来は、秘密結社の時代、その参加者たちが、人から結社のことを尋ねられたら、「何のことかわからないない(know nothing)」と答えていたことから来ている。この党は一八五四年選挙で旋風を巻きおこし、マサチューセッツ州では知事選挙に勝利したほか、フィラデルフィアなどの主要都市で市長職を獲得した。

ノーナッシング党はアイルランド系などのカトリック教徒の住民をミリシアから追い出そうと躍起になった。ミリシアは州政府の武力組織であり、警察と協力して働かねばならなかったからである。州政府がミリシアに命令しても、その内容が気にくわなかったら出動しなかったり反抗されたりしては、カトリック系住民の取締りができなくなるのであった。

奴隷主との戦争で吹き飛ばされた移民問題

ノーナッシング党の命は、しかしながら短かった。一八五六年大統領選挙の敗北によって衰亡したのである。その理由は、反移民に代わって、南部の奴隷主との戦いが北部の有権者の関心となったためであった。

その変化をよく示すのが、一八五四年に連邦上院議員に選ばれたヘンリ・ウィルソンである。彼はノーナッシング党から立候補していたが、その地元であるマサチューセッツ州で、奴隷主への非難が燃えあがると、所属政党を共和党に乗りかえる。反奴隷制の方が反移民よりも有権者の心をつかむとわかったためであった。この選択は成功し、彼は共和党政治家として要職を歴任する。一八七三年には副大統領の地位も得た。

サムター要塞が南部連合の攻撃にあうと、北部の移民排斥運動は、完全に吹き飛んでしまう。戦争で勝利するためには、移民の協力が不可欠であったからである。平時に自分たちの州で活動するミリシア部隊から移民を排除しようとした人々も、移民の志願兵部隊は許容せざるをえなかった。

ちなみに、北部には、南北戦争で共和党員が大挙して軍に志願したら、州の治安が保てなくなると考える者がいた。民主党は南部では奴隷主、北部ではアイルランド系などの移民層が支持基盤となっていた。共和党員が戦争で南部に出征した後、民主党を支持する北部移民が南部奴隷主と気脈を通じて、反乱を起こすのではないかと疑われたのであった。この不安を払拭するため、民主党員やカトリック系移民を戦場に送れという声があがった。

北部世論が変化するなかで、移民の社会的地位を向上させるため、南北戦争を積極的に利用した人々がいる。その代表者はカール・シュルツである。

シュルツはカトリック教徒であり、一八四八年のドイツ革命に加わって失敗したため、渡米した。北部の辺境にあって移民の多いウィスコンシン州で、ドイツ系移民の支持を得て政治家になると、リンカンが無名政治家であった頃から彼の支援者になる。このため、リンカンが大統領になると、連邦政府に強い発言権を持つようになった。ドイツ系移民の票を選挙で動員できたからである。彼はリンカン大統領に対して、ドイツ系移民だけで連隊を創るように働きかけて成功し、自身も少将になる。そして、戦後は共和党の有力政治家として、一八七七年にはヘイズ政権の内務長官となる。

アイルランド系移民も戦争協力によって共和党政権と良好な関係を築く。アイルランド系の志願兵で、リンカンに認められた代表的人物はマイケル・コーコランである。

彼は民主党の活動家として頭角を現し、ニューヨーク州のミリシア部隊でも活躍した。第六九連隊の大佐を務めたのである。彼はエドウィン・モーガン知事がミリシアの連邦軍派遣を決めたとき、真っ先に志願する。しかし、その派遣には問題があった。イギリス皇太子(後の国王エドワード七世)がニューヨークを訪問したとき、歓迎のためのミリシア・パレードがおこなわれると、それを拒否したのである。このため、命令違反が問われて軍法会議にかけられていた。知事がこの件を不問にしたので、戦場に赴くことができ、勇敢に戦って師団長にまで昇進した。

ちなみに、コーコランが一八六一年、ニューヨークのアイルランド系住民の前でおこなった演説は著名である。南北戦争にまだ志願していない者は、入隊するなと言ってのけたのであった。どうせ捨てる命なら、アイルランド独立運動に捧げろと主張したのである。彼はニューヨーク州民主党の支援を受けて、ニューヨーク州ミリシアにアイルランド系移民を集めていたが、コーコランの配下にはアイルランド独立のための武力闘争を準備しようと、ミリシアに入隊した者もあった。さきにガリバルディやコシュートの滞米について述べたが、彼らと同じようにコーコランもアイルランド独立革命を目指していたのである。

こうしたアイルランド系移民の動向はリンカン政権の外交にも影響を与えている。ニューヨーク州の政治家であったウィリアム・スワードは、リンカン政権の国務長官として、南北戦争が勃発する直前、イギリスと戦争をすることで奴隷州との軍事衝突が避けられないか、検討していた。対英戦争になれば、奴隷州に暮らすアイルランド系住民がリンカン政権との提携を選択すると考えたのである。対外戦争で世論を誘導することは、一九世紀ヨーロッパでは頻繁におこなわれていたが、リンカン政権もそうした手法を用いるのを躊躇しなかった。

シュルツもコーコランも反移民運動の標的とされた人々である。彼らは移民の権利確保には、軍への志願が一番の近道と考えていた。確かに、リンカン政権は二人を優遇し、ドイツ系やアイルランド系の志願兵も歓迎する。リンカンが設けた将官数は五八三あるが、その四〇をドイツ系やアイルランド系などに与えた。シュルツやコーコランのような外国生まれの者を将軍に登用すれば、政治家でもあった彼らの力で、移民の戦争協力が確保できると見込んだのである。また、戦時中の選挙で共和党が勝利していくためには、移民たちの投票を確保せねばならず、移民層に影響力のある政治家と良好な関係を築かねばならなかった。

リンカンは軍の官職だけでなく経済的利権も移民層にばらまいている。そうした行動は、一九世紀アメリカにおける政党政治家の典型である。それは欲得まみれの利権政治の側面もあった。ただ、その一方で、リンカンが市民の自由と平等を真摯に追求していたことも認めねばならない。

リンカンは、サムター要塞の攻撃を受けて各州でミリシアの動員が必要になったとき、南部連合と戦わねばならない理由を述べて、人民《ピープル》の政治を守るためであるとした。一八六一年七月四日の戦争教書でも、この戦争は「本質的に人民の戦い」であると説き、連邦が破壊されては人民の社会は進歩できないと訴えた。リンカンの考えでは、人民の力で国が発展する道を目指すなら、人間の権利と人民の権威を基礎とした合衆国憲法の体制を守るしかなかった。

移民たちは、この大統領の呼びかけに応えて戦争に志願したのである。そうした移民たちを、アメリカ社会は差別できなくなる。そして、戦争が苛烈になり長期化していくと、黒人たちも同じ道をたどることになる。

3　戦争で生まれ変わっていく社会

バトラー将軍の突破力――黒人解放で果たした軍の役割

差別との戦いでベンジャミン・バトラーの果たした役割は大きい。リンカンに認められて北軍の将軍になる以前から、彼は軍における差別と戦っていた。

一八五五年にノーナッシング党からマサチューセッツ州知事になったヘンリ・ガードナー知事は、アイルランド系市民をミリシアから強引に除隊させようとする。このときバトラーは同州第五連隊の司令官を務めていた。彼はガードナーに対し、特定の兵士に除隊を命じる権限など知事にはないと突っぱねた。

このバトラーの反発には、彼の生い立ちも関係している。海外の戦争で父が亡くなった後、母は寄宿舎の寮母をして生計を支えた。その寄宿舎は繊維業で栄えたローウェルという街にあり、そこでバトラーは、産業を支配する金持ちと貧しい労働者との格差を間近に見て育つ。成人した彼が、恵まれない者の自由や権利のために戦う弁護士になったのは、こうした生い立ちのためである。

ただ、権力者に反発して、アイルランド系の味方になっていたのには、打算もあった。政界で出世するには、地元の労働者層で多くを占めるアイルランド系との提携が一番と考えたのである。ガードナーに楯突くことは、有権者の歓心を買うための絶好の宣伝であった。

後に大統領となるアンドリュー・ジョンソンはバトラーを評して、「これほど怖れ知らずで破廉恥なデマゴーグに、私は出会ったことがない」と述べている。政治的成功のかぎを探しあてる臭覚や、目的のためには手段を選ばない図太さでは、バトラーは他を寄せつけないものがあった。南北戦争で真っ先にミリシア出兵を主張したのも、戦争になれば地元ローウェルの繊維業に軍関係の仕事が舞い込むからである。バトラー自身も繊維業に出資しており、戦争が自分の利得につながることを計算していた。

そうした彼が目をつけたのは、奴隷解放であった。リンカン政権は奴隷制廃止を唱えていなかった。奴隷制廃止問題に触れると、南部連合の態度が硬化して、戦争が長引くと考えたからである。南北戦争下、北部で奴隷主への怒りが沸騰していくと、バトラーはこうしたリンカン政権の奴隷制への姿勢をひっくり返す行動を次々とおこない、世論の注目を集めていく。

最初は逃亡奴隷への対応であった。南部との戦争が始まると、南部連合から自由を求めて奴隷が逃亡してくるようになる。リンカン政権は当初、早期講和を目指していたので、その処遇に悩み、奴隷を奴隷主のもとに返すかどうか、決めかねていた。そうしたなか、バトラーは一八六一年五月、ヴァージニア州にあるモンロー砦の司令官になる。そこに、奴隷主のもとから脱走してきた奴隷三人が保護を求めて現れた。

このときバトラーは、交戦中の敵の財産であれば、指揮官は差押えて処分することができると主張し、彼らを奴隷主には返さないと決めた。モンロー砦に行けば奴隷制から解放されるとの噂は広まり、奴隷主のもとから逃れた奴隷たちが集まりはじめる。二カ月もすると、砦は九百人ほどの逃亡奴隷を収容することになったのである。こうした状況は北部の新聞に広く報道された。逃亡奴隷を奴隷主に返すことへの反発は強く、リンカン政権はバトラーの試みを事後承認するかたちで、同年八月に敵財産没収法を成立させた。

次は、黒人部隊の創設であった。一八六二年、ルイジアナ州の要衝ニューオリンズ市が北軍の攻撃で陥落すると、バトラーはその占領軍司令官になる。すると、南軍が自由黒人を集めて創設した黒人部隊が、北軍のもとで戦いたいと願ってきた。彼はこれを認めるとともに、奴隷身分の者の志願も認めた。奴隷主のもとから脱走して、北軍で戦いたいという者が集まっていたのである。リンカン政権が合衆国有色人種部隊(United States Colored Troops,略称USCT)と呼ばれる黒人部隊を創設するのは、翌年五月二二日のことである。バトラーは自分で先例をつくり、陸軍長官エドウィン・スタントンにUSCTの創設を強く働きかけたのであった。

正規軍の軍人であれば、逃亡奴隷の解放や黒人の軍への志願の許可など、陸軍省の裁可を得なければ、絶対にできない。しかし、バトラーはマサチューセッツ州ミリシア部隊の司令官として、連邦に派遣された人間である。しかも彼は政治家であり、目指しているのは南北戦争で名声を得て、大統領選挙に出馬することであった。すでにアイルランド系の支持を確保し、これに加えて奴隷制廃止論者も彼に期待していたので、選挙の準備はできつつあった。

実際、一八六四年大統領選挙では、リンカンの奴隷制廃止の態度が消極的であったため、バトラーは共和党の急進派勢力の期待を集める。奴隷制廃止を積極的に進めようとする急進派がリンカン以外の政治家を大統領候補にしようとすると、そこにバトラーがいたのである。共和党大会では、彼を副大統領に推す運動も起こった。軍人としてのバトラーには見るべきものはなく、あまりに指揮官として拙劣なので、見かねた陸軍総司令官グラントは、彼から軍管区司令官の職を解いている。しかし、更迭されたときには、奴隷制廃止に努力した人物としてのバトラーの名声は、確立されていた。

奴隷制が廃止され、黒人の市民としての権利が確保されていったとき、共和党急進派の果たした役割は大きい。しかし、その役割を考えるとき、戦時下に連邦議会の議員として行動した人々よりも、戦場で黒人兵とともに奴隷解放の道を斬り開いていったバトラーのような軍人の方を、より重視すべきであろう。

さらに言えば、白人の政治家よりも、軍に志願した黒人たちこそ、注目されるべきである。USCTが創設されると、ノースカロライナ州では、奴隷であったウィリアム・ヘンリ・シングルトンが志願兵部隊を組織した(図4-4)。マサチューセッツ州などでも黒人部隊が生まれていった。終戦時、USCTの黒人兵は北軍兵力の一割にのぼったとも言われ、いかに保守的な政治家であっても、黒人兵にアメリカ市民としての権利を否定することは不可能になっていた。そして、そうした市民権の保障を、バトラーら北軍で戦った政治家が強く下支えしたのである。

図4-4 北軍退役兵協会の軍服を着たウィリアム・ヘンリ・シングルトン(1920年頃, ニューヨーク州ピークスキルで)

南北戦争の終結で生みだされたもの――黒人ミリシアと白人のテロリズム

南北戦争は一八六五年四月、実質的に終結する。南部連合の陸軍総司令官であったロバート・リー将軍が降伏したことで、大規模な戦闘が起こらなくなったのである。いまだ戦い続ける南軍の敗残兵も存在したので、一定程度の軍隊は残されることとなったものの、連邦政府は急速な軍縮をはじめた。平時に最低限度の正規軍を持ち、戦時に州から集めた志願兵で兵員を増強するという軍事路線は、変わることがなかった。

一八六六年七月、連邦議会が平時の正規軍態勢を決める。それは五万四三〇二名と、戦前から見れば大規模増強と言えたが、一八七六年には内戦の余塵も過ぎ去ったことで、二万七四四二人へと削減された。戦時に正規軍に組み込まれた志願兵は、一八六五年五月には一〇三万四〇六四人であったが、翌年一一月には一万一〇四三人になった。多くが故郷に戻るか、西部などの新天地で、民間人としての新生活をはじめたのである。

軍縮を推進したのは、バトラーやジョン・ローガンであった。彼らは共和党急進派の実力者として連邦議会議員となり、国防の柱はミリシアであると唱えていた。正規軍の予算が拡大しないように、目を光らせていたのである。合衆国憲法第一条で、正規軍の編制は連邦議会が決めることになっていたから、陸軍省はもちろん、大統領も彼らを黙らせることはできなかった。

もちろん、南北戦争で大転換を遂げたこともある。

第一に、正規軍でもミリシアでも、人種差別が撤廃された。一八六六年の正規軍態勢では黒人部隊として四つの歩兵連隊、二つの騎兵連隊が認められ、先住民についても千人を限度に兵員とすることになった。

また第二に、南部における黒人ミリシアの創設である。南部連合が崩壊した後の南部社会を再建することは、緊急の課題であった。その治安に黒人ミリシアは利用された。

リー将軍の降伏後、リンカンが暗殺された。これにより、新大統領ジョンソンが南部再建の大任を担うことになる。しかし、彼は奴隷であった人々よりも、奴隷主であった人々との関係を重視したため、世論と連邦議会の猛烈な非難を浴びる。共和党急進派の議員は大統領の政策を認めず、正規軍を旧南部連合の支配地に駐屯させて、その軍事力を背景に社会改革を進めようとしたのである。この軍事支配で正規軍を助けたのが、黒人ミリシアである。

南部連合を構成した諸州では、南軍軍人であった人々を中心にミリシアを運営しようとした。しかし、連邦議会はこれを連邦政府による再建を妨害するものと判断した。議会の再建政策に従っていたテネシー州を除いて、一八六七年、ミリシアの解散が命じられる。ミリシアの兵員は人種を問わないこととし、連邦に忠誠を誓う市民のみにすることが宣言されたのであった。一八六九年には、アラバマ、アーカンソー、フロリダ、ノースカロライナ、サウスカロライナで黒人ミリシア部隊が誕生し、旧南部連合の他の州も一八七〇年に従った。

旧南部連合地域の白人たちにとって、こうした黒人ミリシアの創設は腹立たしいものであった。戦争が終わったというのに連邦軍は進駐したままであったし、黒人の権利保障のために白人住民は監視され続けた。そのうえ、自分たちの治安組織であるミリシアまでが解散させられてしまい、連邦政府の意のままに動く黒人部隊の創設が強制された。

白人住民の不満のなかで誕生したのが、クー・クラックス・クラン(KKK)である。それは南部軍人の社交クラブとして発足したものであったが、一八六七年にテネシー州ナシュヴィルで大会を開催した後は、共和党員と黒人に暴力を繰り返すテロ団体となっていった。

KKKが台頭した背景には南部白人の不安もあった。ベンジャミン・バトラーがニューオリンズで黒人部隊を北軍に組み入れたときから、黒人を武装させると女性や子供が危害に曝《さら》されるのでやめてほしいという、大量の請願が寄せられていた。バトラーは奴隷解放こそが南北戦争の大義と信じて、これを無視したが、連邦政府が占領地の自治権を制限したとき、あらたな不安が募ったのである。

無論、テロ団体を許してはならなかった。連邦議会下院ではKKKの調査がおこなわれるとともに、正規軍による黒人保護の立法がなされる。一八七一年公民権法(KKK法とも呼ばれる)である。それは、合衆国憲法修正第一四条(黒人の権利保障のために制定された条項)が定める市民の権利を守るために、大統領に正規軍を使用する権限を与えたものであった。この法律は、連邦議会で共和党急進派の中心人物となっていたバトラーが提案したものであった。

　こうした議会の努力もあって、正規軍が旧南部連合の占領統治を終了した後も、黒人ミリシア部隊は南部社会に残り続ける。ただし、正規軍を補佐する常設部隊ではなく、州政府が要請したときに出動する志願兵部隊になったため、その数は激減した。テキサス州では一八七三年の七万四六〇〇人から、その二年後には一二七六人になる。数の変化はあったものの、南部の人々は黒人をミリシアから排除しなかった。その理由は、排除したら、バトラーのような北部の政治家が問題にすると懸念したためである。サウスカロライナ州を除いて、すべての州で白人の方が黒人よりも人口が多かったし、黒人部隊の装備は州政府がコントロールできた。このため、黒人ミリシアの存在はそれほど怖れなくてもよかったのである。

社会対立で悪化する治安

南北戦争後のアメリカ社会を悩ましたのは、南部での人種対立だけではなかった。

　一八七三年に経済恐慌が起こると、激しい労働紛争が頻発するようになる。一八七七年の鉄道争議には一〇万人以上の労働者が参加し、暴動で百人余りが死亡した(図4-5)。こうした争議や暴動は二〇世紀に至るまで頻発し、治安維持のためにミリシアや正規軍が駆りだされていった。

図4-5　1877年鉄道争議で発生した暴動の図．ともに『ハーパーズ・ウィークリー』誌(1877年8月11日号)に掲載

表4-1は、この時期のミリシア出動の原因と件数を、ジェリー・クーパーが集計したものである。クーパーの著作にしたがって、どんなことが起こったのかを見てみよう(Cooper, *The Rise of the National Guard*, pp. 44-49)。

この時期は長期不況の時代と言われるだけあって、労働争議が一番多い。図4-5を再度ご覧いただきたい。右は一八七七年の争議で発生した暴動の鎮圧に向かうメリーランド州軍の出動を描いた「ボルティモアを進む第六連隊」、左は「襲撃されたピッツバーグの連邦駅停車場とホテル」である。この章の扉絵にある南北戦争勃発時の状況を思い起こさせるほどの大暴動が発生して、軍の出動が迫られたのである。人々は深刻な社会不安に陥った。ただ、この争議の後、ミリシアを労働紛争で一度も出動させていない州が、四四州のうち一九あったし、数年に一度のところも五つあった。産業労働者の少ない西部や南部では、出動する必要がなかったのである。

二番目に多いのは囚人保護である。保護された囚人を見ると、人種紛争として捉えるべきものが多い。南部では、黒人が白人暴行の嫌疑で逮捕されると、白人たちが牢獄に押しかけて、その黒人を自分たちの手で処刑しようとすることが、たびたびあった。こうした無法を許せば治安が保てないと考えて、知事たちはミリシアを牢獄警備に出動させたのである。KKKは一八七〇年代後半に衰退するが、それで黒人へのテロ行為がやんだわけではなかった。

無論、黒人のみが保護対象であったわけではない。オハイオ州シンシナティ市では、一八八四年、強盗殺人犯への判決が不当に軽かったのに抗議して、群衆が裁判で評決を下した陪審員、それに裁判所、刑務所を襲った。五〇名以上が死亡する事件であり、警備に派遣されていたミリシア兵も犠牲になっている。この抗議の原因となったのは、この街で犯罪が多発していたにもかかわらず、刑事事件で裁判が正しくおこなわれていないことへの怒りであった。それは、囚人への暴力と言うより自治体の治安担当者への抗議であり、人種とは関係がなかった。

三番目の出動理由である政府業務の支援は災害出動である。その内容としては、水害時の救援や、コレラなどの感染病が蔓延したときの防疫活動である。

出動の原因を見ていくと、災害出動を除けば治安出動である。

表4-1　ミリシア出動の原因と件数(1868-1899年)

出動の原因	件数
労働争議	118
囚人の保護	106
政府業務の支援	80
暴動の取締り	41
人種紛争	31
選挙での暴力沙汰	20
先住民とのトラブル	15

南北戦争中の一八六三年にも連邦政府が徴兵制導入を決定したことに反対して、ニューヨーク市などで暴動が起こった。その被害はすさまじく、ニューヨーク市だけで百名を超す死者を出している。戦後は人種や労使の対立、自治体政府への不満など、様々な原因で多くの人が犠牲になる暴動が頻発した。

南北戦争で機関銃などの高価な兵器が使われるようになると、予算の限られた州政府の部隊が戦争でできることは限られてくる。暴動への対処がミリシアの中心的な役割になっていくのである。ただ、ここで気をつけねばならないのは、アメリカ国内には、人種対立が少なく、いまだ開発が十分に進んでいない地域も多かったことである。そうしたところでは暴動に備えなくてもよかった。個人の所有する武装で組織した志願兵部隊だけを持つ州もあり、たとえば、一八九一年の段階でも、アーカンソー、アイダホ、ミシシッピ、ミズーリ、ワイオミングの五州は、州予算に軍事関連予算を計上していなかった。

州軍《ナショナル・ガード》への転生――連邦政府の権限拡大のなかで起こったこと

ミリシアの主要な役割が、すべての州で治安維持になったわけではない。しかし、南北戦争後のミリシアは、明らかな変化を経験していた。戦時における兵員確保は、その主たる責任を連邦政府が負うようになったのである。

一八一二年戦争やメキシコ戦争では、州政府が正規軍への兵員提供を渋ることができた。しかし、南北戦争では、州が提供する志願兵だけでは兵員が不足するようになり、一八六二年に連邦議会は一七九二年ミリシア法を改正して、州政府による兵員徴募の規則を、大統領が決定できるようにする。その翌年には徴兵法を制定し、連邦政府の権限で全米の市民を兵員として強制徴募できるようにした。

南北戦争が終わると、連邦政府はミリシアへの予算補助を増大させる。一九世紀初頭からミリシアの武器購入への支援はあった。それを、一八八七年、軍服や訓練費用にも補助金を与えることにしたのである。ミリシア兵の兵装は、もともと兵員が自身で支出することになっていたが、南北戦争下に州政府が負担するようになり、そうした州の取り組みを連邦が支えることにしたのである。ミリシア兵の負担軽減で先駆となった州は、オハイオである。一八六四年、州法でミリシア兵に軍服を購入し、州の備品である武器を貸与することを決めていた。

なお、このオハイオの法律ではミリシア部隊をナショナル・ガードと呼んでいる。このことも、先駆的であった。それまでミリシアとされていたものを、正規軍とは異なる州の軍隊という意味で、ナショナル・ガードと言うようになったのである。もともと、ナショナル・ガードとはフランス革命時の国民衛兵(Garde nationale)を英語にしたものである。その司令官を務めたラファイエットが一八二四―二五年に訪米した際、彼がアメリカ独立革命で果たした功績を称えて、ニューヨーク州の大隊が自分たちの部隊名をナショナル・ガードにした。それが四〇年後、州のミリシア部隊の別称になったのである。

ここには、南北戦争時、ミリシアこそが国民の軍隊であると訴えたかった人々の思いもあったのであろう。一八七八年には州軍協会(National Guard Association)が設立される。これは、州に連邦が提供するミリシア予算の増額を要求する団体であった。

ミリシアは政府から独立した人民の軍隊であることを誇りとした。この独立は武器などの兵装を市民が自分で支出していることで保障されるものであった。しかし、この独立は連邦の予算で、ミリシア兵が武装するようになると崩れていく。

他面、援助が与えられるようになった後も、ミリシアが州政府への反抗をやめなかったことには、注意が必要である。一八七七年の鉄道争議や一八八四年のシンシナティ暴動では、ミリシア兵の一部は争議や暴動を起こした人々の味方になっていた。一九世紀後半になっても、ミリシアの兵員たちは政府の態度が間違っていると思うとき、召集されても軍務に就かなかったのである。州政府にしても連邦政府にしても、出動を命令してもミリシアが行動するかどうか、自信が持てない状態は続いていた。

こうした状況下、州政府のなかには、争議対策として労働者の取り締まりを強化するために、ミリシアを新設したところもある。産業化の進んだペンシルヴェニア州がその典型である。一八七七年の鉄道争議を受けて第一三歩兵連隊を創設し、士官は企業関係者、その武装は地元企業の負担とした。このミリシアの再編に先立って、同州では一八六五年に「炭鉱鉄鋼警察(Coal and Iron Police)」も創設していた。この警察の目的は企業の財産の保護であり、設置の許可は州議会がおこなったものの、警官を雇用するのは鉱山や鉄鋼業を営む企業で、警官に銃の使用も認められていた。

ペンシルヴェニア州の取り組みは、政府が企業の私兵を合法化するものであったとも言えよう。一九世紀中葉には、資産家の身辺警護や争議の鎮圧を金銭で請け負う企業も発展する。もっとも著名なのは、私立探偵社として知られるピンカートンである。アメリカでは、政府が暴力を行使する権限を独占する環境は育たなかったと言わざるをえない。

第5章

超大国アメリカのミリシア

チャールズ・ヤング(1919年)

1　世界戦争を戦える軍隊の創造

テディ・ローズヴェルトの最後の戦い

一九一七年四月一〇日、ホワイトハウスを一人の男性が訪れていた。年齢は五八歳であったが、鍛え抜かれた身体をしていた。彼は世界大戦への出征を願うため、大統領ウィルソンに面会を求めたのである。

それはシオドア・ローズヴェルトであった(図5-1)。四一歳の若さで大統領を務めた人である。一八九八年、彼が三〇代であった頃、アメリカ・スペイン戦争が勃発した。それは、スペインが保有していた植民地キューバの独立闘争から始まった戦いであった。ローズヴェルトは志願兵部隊を率いてこの戦いに加わり、その戦功が注目されて大統領への階段を駆けのぼっていった。テディと呼ばれて国民からの信望が厚い彼は、アメリカの大戦への参戦が連邦議会で決定すると、ふたたび仲間とともに戦場へ赴こうとしたのである。

ウィルソン大統領はローズヴェルトを丁重にもてなした。戦争の準備に、ローズヴェルトの協力が必要であったためである。

その甲斐あって、この翌月、選抜徴兵法が成立する。それはローズヴェルト派の共和党員が協力しなければ、成立困難な法案で、五〇万人の志願兵募集を規定していた。ローズヴェルトはただちに大統領に電報を送り、周到に準備してきた志願兵師団による出征を申し入れる。

しかし、ウィルソンの返信は素っ気なかった。「本当に残念ですが、昨日の電報で貴殿が申し出られたことにお応えすることはできません。その理由は今朝の政府声明で述べたとおりです。この決定は、私自身の個人的な見解に基づいたものでなく、政府の政策に沿ってのものであることは、おわかりと存じます」とだけ述べたのである。

図 5-1　スペイン戦争のときのシオドア・ローズヴェルト．志願兵の軍服に身を包み，襟には合衆国陸軍志願兵部隊を意味する「USV」が見える

ローズヴェルトが準備していた師団とは、複数の連隊から構成された大兵力である。英仏などヨーロッパの国々は、参戦したアメリカからローズヴェルトの師団が来るものと思い、歓迎していた。ウィルソンはそうした国々の期待にも冷や水を浴びせたのである。
志願兵師団を断った理由は、何であったのか。ウィルソンの言う政府声明(五月一九日)を見ると、戦争となった以上、国民は最適な場所で務めを果たさねばならないことが強調されている。連邦政府の主導で、兵士として適切な者を強制徴用して組織した軍隊の方が、志願兵による軍隊よりも望ましいというのである。「志願してきた国民全体《ネイション》」のなかから、誰を兵士とするか正しく決定していくと、ウィルソンは述べている。

この声明は、アメリカ軍事史における転換点であった。それまで正規軍を補う兵力を集めるとき、州政府が組織した志願兵部隊に頼ってきた。そしてその士官の選出も部隊構成も、州政府は市民の自主性を尊重してきた。そうした伝統が正面から否定されたのである。市民が自主的に創設した志願兵部隊は認めないという考えは、それまでの軍制を根本的に変革するものであった。

ウィルソンが志願兵師団を認めなかった理由は、彼の心情を考えると、よくわかる。ローズヴェルトがホワイトハウスを訪問した前月、ウィルソンは大統領として二期目に入ったばかりであったが、彼を支持する国民は多くなかったのである。

確かに、一九一六年大統領選挙で彼は勝利を収めた。しかし、もしカリフォルニア州で負けていたならば落選していた。この州はローズヴェルト派の共和党員ハイラム・ジョンソンの牙城であり、ジョンソンはこの選挙で州民の圧倒的な支持を得て連邦議会上院議員になっていた。一方、この州の大統領選挙の結果は大接戦で、三七七三票という僅差でウィルソンが選ばれた。

連邦議会選挙でも上院はウィルソンの所属する民主党が多数を維持したものの、下院では共和党に敗れていた。

こうしたなか、ローズヴェルトが友人たちと創った部隊がヨーロッパの戦場に赴き、奮闘して華々しい勝利を収めれば、一九一八年選挙で民主党が敗北する怖れが濃厚であった。そこでどうしても、志願兵部隊による戦いを改めねばならなかったのである。つまり、ウィルソンの決定は民主党の党利党略でもあった。

ウィルソンが変革したミリシア改革——戦争に即応できる予備軍へ

世界大戦という危機に直面したとき、大規模な兵員を集めるために何をすべきかは、実のところ、ウィルソン政権以前に大枠が決められていた。ローズヴェルトが大統領になったときから、軍制改革が進められていたのである。

ローズヴェルトは一九〇一年に大統領になる。彼はヨーロッパ列強や日本と戦える大規模な軍隊の建設構想に取り組む。その柱は正規軍を補う大規模な「予備軍」を創設することであった。これは建国以来の課題であり、その前提となるのはミリシアと正規軍との関係であった。

軍制改革でローズヴェルトを支えたのは、エリフ・ルートである。彼はニューヨークの辣腕弁護士で、その実務手腕を高く評価されて、ローズヴェルトの前任者であるマッキンリー大統領から陸軍長官に任じられた。予備軍づくりのためである。彼の改革はローズヴェルト政権下で花開き、ミリシア整備の道筋をつけた。

ルートは一九〇三年ミリシア法を成立させる。そしてそれを基礎として一九一六年国防法が生まれ、ミリシアの予備軍化が完成した。一七八九年のアメリカ合衆国の誕生から、実に一三〇年近くたった後、国防法により、ミリシアは州知事とともに、連邦の大統領に忠誠を誓う軍隊になった。一八一二年戦争やメキシコ戦争のときのように、連邦政府の戦争に反対できなくなったのである。

こうした歴史的な改革の進展を記してみよう。改革の出発点となったのは、一八九八年の対スペイン戦争である。

この戦争で連邦政府が志願兵の動員を決めると、マサチューセッツやペンシルヴェニアなどの産業化した大州では、平時の訓練が充実していたので、直ちに部隊を派遣できた。一方、テキサスなど南部では、動員令が下った後に派遣部隊の編制をはじめたため、正規軍下に置かれる兵員数はもちろん部隊構成を決めるのにも時間がかかった。この結果、各州の部隊を戦地に送る移送計画を立案するのが遅れ、派遣兵員の数と移送スケジュールに関する州政府からの連絡もうまくいかず、輸送の現場は大混乱に陥った。さらには、遅れて到着した志願兵たちの練度は低く、銃の扱いにせよ、部隊での組織行動にせよ、満足におこなえる者が少なかった。

こうした混乱を二度と起こさないため、一九〇三年ミリシア法が生まれた。それは提案者であるチャールズ・ディックの名をとってディック法とも呼ばれる。彼はオハイオ州ミリシアの士官であり州軍協会の有力者でもあった。

この法律で実現したのは、正規軍では兵力が不足する事態に備えて、訓練の行き届いたミリシア部隊を創設することであった。具体的には、州政府に常設ミリシア(organized militia)を置いて、連邦政府の要請があれば即応できるようにしたのである。この法は一九〇八年に改正され、当初九カ月とされた軍務期間を無期限としたほか、海外への派遣ができるようにした。このように重い負担をミリシアに強いるものであったから、連邦政府は連邦の業務への見返りとして、州政府にミリシア支援の増額を約束する。ただ、支援の条件として、ミリシア兵の練度の監査もすることにした。

しかし、この改革でも十分ではなかった。州の設置する常設ミリシアの兵員数は確保できたものの、部隊編制、そして士官の選任はいまだ州に任せられていたためである。これらを連邦の基準に従っておこなうように規定したのが、一九一六年国防法である。ミリシアにおける部隊編制と士官が満たすべき最低の条件について、全米で標準化することが、ようやくできたのであった。

国防法はこのように画期的な法律であったが、それは一面で、民主党の内紛で生まれたものでもあった。もともと、ウィルソン政権では陸軍長官リンドリー・ギャリソンが提案した正規軍直轄の予備軍（通称「大陸軍《コンチネンタル・アーミー》」）づくりを目指していた。しかし、議会の民主党政治家は、同じ民主党のウィルソン大統領が推進していたにもかかわらず、強く反発した。ミリシアとは別の予備軍を創るのではなく、ミリシアを連邦援助で強化して予備軍化しようとしたのである。

この結果、議会民主党の考えをもとに国防法は創られた。この法でミリシアは一新されたのである。予備軍化のために連邦政府から巨大援助が与えられたことで、州の管轄とはいうものの、事務手続き費用など一部を除いて、ミリシア予算のほとんどが連邦負担となった。一九一六年に六五〇万ドルであった連邦補助は、翌年に九倍以上の五七五〇万ドルへと跳ね上がる。ここに市民が自費で武装するというミリシアの理想は、完全に失われた。

選抜徴兵法の制定――正規軍が主体となった戦争体制の創造

紆余曲折があって創られた国防法であったが、実際に武力紛争が起こってみると、この法律による軍事動員は物の見事に失敗した。

国防法が成立する数カ月前から南部国境で紛争が起きていた。メキシコ革命（一九一〇年）の武装闘争がアメリカ領内に波及し、パンチョ・ビジャの率いる革命軍がアメリカ人を襲撃していたのである。これに対処するため、この法に基づいたミリシアの動員がなされたが、十分な兵力が集まらなかった。ジェリー・クーパーによれば、九万五千人いるはずの常設ミリシアのうち、召集で集まったのは四万七六〇〇人、しかもそのうち二万四千人が身体検査で兵役不適合になった。州から派遣されたミリシア士官のなかには法律制定を知らない者さえいたのである。

ミリシアの実態が判明した直後、ウィルソン政権は世界大戦への参戦を国民に求める。敵であるドイツの正規軍の強さはメキシコ革命軍とは比べようもない。対独戦には、正規軍が中心になった予備軍づくりが必要であったが、これを早くから提唱していたのが、ローズヴェルトとルートであった。ギャリソン陸軍長官の大陸軍構想を葬り去った議会民主党の反対を抑えこむには、ウィルソンは彼らに頼るしかない。こうして生まれたのが、一九一七年選抜徴兵法(Selective Service Act)であった。

選抜徴兵法で、ミリシアはそれまでとは異なる軍事組織になった。アメリカ軍は二九の師団をヨーロッパの前線に送る。その兵員数は一三〇万人である。常設ミリシアの貢献は決して小さなものではなく、州軍から派遣された者はその二割を占める。

しかし、正規軍とミリシアの関係は、はっきりと変化した。派遣される州軍の部隊編制と指揮官の選任も正規軍が決定したのである。オハイオ州は志願兵を主体に独自に部隊編制を整えた後、正規軍と合流した。すると、正規軍は騎兵をなくして砲兵を増やすなど部隊を再編制する。そして、オハイオ・ナショナル・ガードという名も「第三七師団」に変更された。州軍の数が少なかったり、整備が十分でなかったりしたところでは、複数の州軍をまとめて師団にすることもあり、第一三師団五五補充連隊はサウスカロライナ、ノースカロライナ、テネシーからの部隊の寄せ集めであった。南北戦争では志願兵を組織した士官が、自ら集めた隊員とともに戦っていたが、そのようなことは許されなかったのである。

言うまでもなく、選抜徴兵制度のもとで兵士になったのは、連邦政府によって兵役に就くことを強制された人々である。二一歳から三〇歳までの男性(後に一八歳から四五歳となる)が徴兵登録するように義務づけられ、登録者のなかから兵役に就く者がくじ引きで選ばれた。そして連邦政府が指定する軍事部隊に入隊したのである。この登録から入隊、そして除隊までの一切が連邦政府の管轄下におこなわれた。

連邦政府が国民を徴兵することも、正規軍の主導で兵員が集められることも、国民の間には猛烈な反発があった。しかし、激烈な砲撃や毒ガスなどの新兵器で大量の戦死者を生みだした世界大戦は、それまでの戦争観を一変させた。ヨーロッパに派遣されたアメリカ軍の戦死者は二百日余りの戦闘で、五万三四〇二人に達した。当時流行したスペイン風邪で死亡した兵士も五万七千人ほどいる。最新兵器を駆使した戦闘にせよ防疫にせよ、正規軍の力がなければ対応できないものであった。州が集めた志願兵部隊をそのまま前線に投入できないことは、誰の目にも明らかであった。

世界大戦が終わると、正規軍の指導による州軍の再編制が進む。一九二〇年国防法で予備軍の構成が決まり、州軍は予備軍の中心組織であることが正式に定められた。ちなみに、予備軍には、もう一つ常設予備軍という組織があった。それは、軍経験者による退役兵団と大学などに設置された予備士官養成課程の二つから構成された。

以後、州軍と正規軍の一体化が進み、一九三三年には、州軍の隊員は新設された「連邦州軍(National Guard of the United States)」の構成員でもあると定められた。この決定により、連邦政府は州軍に直接命令することができるようになり、部隊はもちろん個々の隊員でさえ、他の州、そして海外に派遣できるようになった。

州軍隊員はこれまで通り、毎月一度の週末訓練、年に二週間の集中訓練をおこなうほかは、民間で軍とは別の生業を営みながら暮らす人々であった。しかし、二〇世紀初頭までの志願兵時代には許されていた自由なふるまいは禁じられていった。予備軍としての服務が徹底され、上官の命令に従わなければ、正規軍にも州軍にも設置されている法務局によって処罰されることとなったのである。

三三年で終わった徴兵の時代

一九一七年の世界大戦参戦によってミリシアは生まれ変わった。しかし、正規軍を最低限しか持たない伝統が失われたわけではない。

表 5-1 正規軍兵数(1945-2020 年)

年	正規軍兵数(千)
1945	8,200,000
1950	593,000
1955	1,100,000
1960	873,000
1965	963,000
1970	1,300,000
1975	784,000
1980	777,000
1985	781,000
1990	761,000
1995	509,000
2000	477,000
2005	489,000
2010	565,000
2015	487,000
2020	480,000

世界大戦が一九一八年に終わると、陸軍省は正規軍と予備軍の双方を五〇万人体制にすることを提案した。しかし、連邦議会が認めたのは正規軍二八万人、州軍はすべての州の合計で四三万五千人であった。しかもこれを実現するための予算は与えられず、実際には、これを下まわる規模での運用となった。

この後、正規軍の規模は一九三九年にふたたび世界大戦が始まったことで拡大する。一九四五年には八二〇万人になったが、**表5-1**にあるように大戦が終結すると、日本をはじめ世界の各地でアメリカ軍駐屯が続いたとはいえ、六〇万人を下まわるようになった。朝鮮戦争(一九五〇—五三年)とベトナム戦争(一九六四—七三年)の時期には百万人を超えることもあったが、その後は七〇万人、そして一九九〇年代にソ連との間の冷戦が終わると、四〇—五〇万人規模になる。アメリカの人口は一九四〇年に一億三千万人、二〇二〇年に三億三千万人であるから、国民のなかで兵役に就いている者の割合は、世界大戦後、抑えられ続けたと言えよう。

ただ、二〇世紀以降の正規軍の兵員数を考えるうえで忘れてならないのは、徴兵制である。一九二〇年国防法で予備士官養成課程が設置されたのは、大規模な戦争が起こったとき、兵卒は徴兵で集めれば十分なので、養成に時間のかかる士官だけ事前に準備しようとしたためであった。

実際、一九三九年に二度目の世界大戦が勃発すると、連邦政府は一度は廃止された選抜徴兵制を一九四〇年に再導入した。そして大戦が終わった後も冷戦になったため、表5-2にあるように徴兵制度は維持され、一九四七―四八年に徴兵法が一時的に失効したことはあったが、一九七二年まで三三年にわたって存続した。

現在でも厳密に言うなら、徴兵の制度は残っている。一八歳から二五歳までの男性であれば、アメリカ国民だけでなく、アメリカの永住権を持っている者も、難民や不法入国をした者であっても、徴兵登録が義務づけられている。ただ、実際に徴兵されるかといえば、その可能性はきわめて低い。徴兵登録が現在あるのは、一九八〇年、ソ連によるアフガニスタン侵略に対処するための措置であった。ソ連との軍事対決を辞さないと内外にアピールするため、このときアメリカ大統領であったカーターが象徴的行動にでたのである。徴兵登録は万一の場合、大規模な兵員が必要になったときの備えとして残されただけなのである。

一九七二年に徴兵をなくした一番の理由は、軍事テクノロジーの進歩にある。戦場での使用

表 5-2　徴兵制度関連年表

1862	南北戦争期	南部連合，史上初の徴兵制導入
1863		リンカン政権，徴兵制導入
1865		戦争終結により徴兵制廃止
1917	第一次世界大戦期	選抜徴兵法制定
1919		終戦で徴兵制廃止
1940	第二次世界大戦期	選抜訓練徴兵法制定(史上初の平時の徴兵法)．21-35 歳までの男子に徴兵登録を義務づけ．くじ引きで選ばれた者は，1 年間の兵役義務
1941.8		選抜訓練徴兵法改定．兵役義務期間を 1 年半に延長
1941.12		日米開戦を受けて，ふたたび選抜訓練徴兵法改定．兵役期間を戦争終結の半年後まで延長し，徴兵登録の年齢を 18-64 歳に拡大
1942		行政命令 9279(個人の能力と社会の必要をもとに，兵役に就く者を決定するため，戦時人材委員会を設立)．くじ引きによる徴兵を廃止．戦時において，それまで志願兵制であった海軍や海兵隊でも，連邦政府が徴兵することとする．戦時措置であったため，大戦後は軍への志願が再開
1947	冷戦期	選抜訓練徴兵法失効．3 月 31 日に法律がなくなったものの，翌年 6 月に徴兵法が再制定
1948		選抜徴兵法制定(トルーマン大統領の徴兵制再開の要請によって，2 年間の時限立法として成立)．18-21 歳を徴兵対象年齢とし，21 カ月の軍役義務．徴兵条件を変更しながら，終了予定の 2 年が終わる前に延長され続け，1973 年まで存続
1950		朝鮮戦争によって，選抜徴兵法を 1 年間延長
1951		一般軍事訓練奉仕法成立(選抜徴兵法の名称変更)．朝鮮戦争が終結して平時になった後も，兵員確保のために，時限立法として一般軍事訓練奉仕法は存続
1967		選抜軍事奉仕法制定(一般軍事訓練奉仕法の名称変更)．ジョンソン政権，徴兵対象者が特定の人々に偏っているとの批判に応えて兵役免除規定を見直し
1968		ニクソン，大統領選挙で軍を志願兵だけの組織にすると公約
1969		くじ引きによる徴兵を再開．徴兵対象者が低所得者や有色人種に集中していることへの一つの対応
1972		徴兵停止
1973		選抜軍事奉仕法失効

のために核兵器が配備されるようになると、陸軍の大兵力を戦場に投入できなくなる。核攻撃で殲滅《せんめつ》されるからである。中南米やアジア、アフリカの紛争でおこなわれているゲリラ戦で戦果をあげるには、高度の専門技術を身につけた職業軍人が必要である。そして、そうした技術は、軍での仕事を自ら望み、適性と向上心も備えた者が、長期に軍で働いてこそ、身につく。したがって、現代戦は、職業軍人を志願した者で組織せねばならない。

この考えは、一九六八年大統領選挙に勝利したリチャード・ニクソンが訴えていたもので、彼は大統領になると、この「志願兵だけの軍隊《オール・ヴォランティア・フォース》」を実現する。

ただ、徴兵をなくしたのには、もう一つ別の理由もあった。国民の徴兵への反発である。

ウィルソン大統領は、選抜徴兵制を創るとき、兵士として適切な者を連邦政府が強制徴用することの望ましさを力説していた。それでは、誰が望ましいと実際に考えられたのか。

この点を、徴兵制廃止が論じられるようになったベトナム戦争期で見てみると、一九六五年、実戦に投入された陸軍歩兵の三一パーセントが黒人であった。ちなみに、一九六一―六六年、黒人は人口の一一パーセントしか占めていない。連邦政府は高等教育を受けておらず、未熟練労働で生活している者を徴兵して戦線に投入した。このため、白人よりも教育の機会が少ない黒人は徴兵対象になる者が多かったのである。陸軍当局は世論の批判を怖れて黒人の徴兵を控えようとしたものの、陸軍兵の戦死者の実に二割が黒人になってしまった。

2　軍制をめぐる人種紛争

志願兵による部隊づくりは、なぜ否定されたのか？

選抜徴兵制には最初から問題があった。

もともと徴兵制度の草案は陸軍大学が作成していた。しかし、一九一七年に世界大戦参戦となったとき、ウィルソン大統領はこれを採用しなかった。イノック・クローダー陸軍法務局長に別の案を創らせたうえで、ニュートン・ベーカー陸軍長官と検討して独自案を議会で成立させた。ウィルソンは政治主導にこだわったのである。できあがった制度の特徴は、徴兵の実施主体を、できるだけ兵役対象者の暮らす地域社会にしたところにあった(Holley, *General John M. Palmer, Citizen Soldiers, and the Army of a Democracy*, pp. 265–266)。

連邦政府の制度でありながら地域主導にした理由は、政府への反発を少なくするためであった。連邦による徴兵は南北戦争後半の一八六三年に実施されたことがあったが、前述したとおり、徴兵反対を訴えた人々が各地で暴動を起こして死者が多数でたのである。こうした暴力を回避するため、ウィルソン政権は、住民をよく知る人々を使って、不満が出ないように徴兵実務をおこなわせた。

しかし、地域社会の意向に配慮した制度には欠陥があった。地域の発展に不要とみなされた者が徴兵されたのである。植民地期、イギリスから兵員提供を求められたとき、地域経済に有用な者や養う家族のある者は除外された。このことが繰り返されたのである。一九一七年選抜徴兵法で徴兵されたのは七割が未熟練労働者、そして九割は未婚であった。法律では公平に兵員を選ぶように、徴兵される者は対象者リストからくじ引きで選ぶようになっていた。しかし、対象者リストを作成するとき、地域の有力者は社会から排除したい者を選びがちであった。

連邦の制度である以上、こうした問題に対処するのは連邦政府の仕事である。しかし、ウィルソン政権に対して、はっきりとした人種差別を求める声が南部から殺到していた。彼が南部のヴァージニア出身であったためである。

ウィルソン大統領は、少年期、南北戦争で敗れた南部連合の住民として育った。彼が大統領になると、旧南部連合から選出された政治家たちは、共和党がおこなってきた正規軍での黒人の「優遇」をなくすように訴えはじめる。旧南部連合の諸州は民主党の一党支配が徹底しており、そこから選出された有力議員に、ウィルソンはなかなか逆らえなかった。

当時、ウェストポイント士官学校を卒業して、正規軍幹部になることが期待されていた黒人士官たちが存在した。士官の昇任昇格は連邦議会の権限であったから、南部の議員たちはウィルソンを巻き込んで、そうした士官を排除しようとしたのである。この結果、一九一七年、将軍になることが期待されていたチャールズ・ヤング中佐は、健康問題を取り沙汰されて、無理に退役させられてしまう。

ここでふたたび、ウィルソンがローズヴェルトの志願兵師団を拒絶した背景を考えてみたい。ローズヴェルトはスペイン戦争で黒人や先住民、移民たちと志願兵部隊を創った男である。世界大戦に臨むときも、彼の師団案には黒人連隊が存在していた。そして、師団の幹部としてウィルソンから不当な仕打ちを受けていたヤングを起用しようとしていた。また、正規軍におけるローズヴェルトの盟友であったレナード・ウッド少将は、一九一七年春、黒人の市民を集めて士官教育を施そうとしていた。ローズヴェルトをはじめとする共和党の政治家たちは、南北戦争以来の黒人兵士の活躍を高く評価しており、彼らとともに世界大戦を戦おうとしていた。

こうした共和党の動向を南部選出の民主党議員は警戒し、ウィルソン政権に圧力をかけていた。この結果、正規軍で黒人士官を重用しないことになってしまう。参謀本部では、南部で小作農として働く黒人の徴兵は白人地主の利益を考えて収穫時期からずらすこと、黒人兵は主に労役に用いて軍事訓練は最低限にすること、軍事施設では人種ごとに隔離措置をとることが決められたのである(中野耕太郎『戦争のるつぼ』、一三七―一三八頁)。

ミリシアでの人種差別――南部における黒人排斥の広がり

ウィルソン政権の黒人兵への対応を歴史的に捉えると、それは、一九世紀末から南部諸州を中心に広がっていた州軍での差別主義を連邦政府が受け入れたものと言えた。南北戦争によって黒人士官や黒人部隊が生まれたことは前述したが、州軍での黒人の進出は一八九〇年代には止まり、黒人を排斥する動きが露骨になっていた。

二〇世紀になるまでに、ワシントン州やサウスカロライナ州では州軍の軍政を統括する軍務局長に黒人が就いていた。しかし、そのような黒人の高官への登用がある一方で、多くの州政府は黒人部隊に州の業務を任せることを躊躇していた。一九世紀後半は前章で示したように、労使紛争を原因とした暴動が多発していた。そこに黒人部隊を投入しては、白人労働者を刺激して暴力が苛烈になるのではないかと怖れたのである。企業側が白人たちの争議行動を妨害するために黒人を使っていたことも、一つの原因である。このため、黒人部隊の主要な役割は祝典でのパレードと災害救援、軍事訓練になっていた。

南北戦争まで奴隷制のあった地域では、黒人兵への差別と暴力はあからさまであった。二つ例をあげよう。一八八二年、メリーランド州ボルティモアで、北軍退役軍人協会の年次集会が開催された。すると、黒人部隊が襲撃され、襲撃した暴徒の一人も死亡した。事態を重く考えた現地の警察は、黒人兵でなく白人の側に立って、部隊指揮官を殺人罪で逮捕した。

一九〇〇年のサウスカロライナ州コロンビアでは、「労働者の日《レイバー・デー》」の祭典で黒人部隊がパレードしていると、白人から襲撃されて、発砲騒ぎとなった。これに対して、警察は黒人兵が銃剣を白人に向けたことを問題視して、八人を逮捕した。

州軍の司令官は州知事である。このような南部の事件を見て、州知事のなかには、州軍への黒人入隊を制限しないと、より大きな暴動が起きて死傷者が増えていくのではないかと怖れる者もではじめた。

黒人兵の排斥がはっきりしたのは、一八九八年の対スペイン戦争である。

州軍に参加していた黒人たちの多くは志願兵部隊を組織して、戦地への出征を求めた。黒人の言論人のなかには、アイダ・ウェールズのように、戦争の大義とされたキューバ民衆の解放を疑問視し、アメリカ国内で深刻な人種差別があるなかでキューバを救おうとするのは偽善と批判する者もいた。しかし、志願兵部隊は選挙のための組織でもあったから、多くの黒人兵を集めることで、政党政治家と良好な関係をつくろうとする者もいた。このため、マサチューセッツ、オハイオなど四つの州ではただちに黒人志願兵部隊が組織された。

そうした部隊が戦場に赴くと、白人の黒人嫌悪がいっそう深刻になる。開戦の一カ月後、アメリカ軍がキューバ遠征の拠点であったフロリダ州タンパに集まりはじめると、正規軍の黒人部隊とオハイオ州の白人部隊との間で騒乱が起きる。また、戦争が終わって地元部隊が帰郷すると、南部各地で黒人兵は白人暴徒から襲撃された。州のなかには、白人住民の不安を払拭するために、州軍から黒人部隊をなくしたり、黒人士官の数を減らそうとしたりする動きが広がった。

こうした黒人排斥を後押しすることになったのは、一九〇三年のディック法である。この法律で、連邦政府は州軍支援の条件として部隊の練度を監査することになった。この監査を理由として、黒人部隊をなくしたり、士官を軍から追いだしたりする州が次々と現れたのである。

ただし、すべての州が黒人を排斥したわけではない。黒人団体の影響力が強いところでは、こうした動きに抗することができた。ニューヨーク州では、二大政党の政治家たちが、黒人団体の要望に応えて、一九一六年に黒人士官の指揮する第一五歩兵連隊を創設したのである。

黒人を州軍から排斥した州と、そうでない州の違いは何であろうか。黒人人口が少ない州の場合、もともと州軍の黒人兵が少なかったから、黒人部隊もできず、排斥は問題にならなかった。はっきりしているのは、スペイン戦争の前後に、黒人から投票権を剝奪する州が増大していたが、そうした州で州軍からの黒人排斥が貫徹したことである。黒人票を目当てに、政党が黒人団体と良好な関係を築いた州では、州軍における差別は難しかった。

予備軍の創出がもたらしたもの――黒人兵をめぐる南北対立

ウィルソン政権は、世界大戦下、部隊編制で黒人を排斥した。もともと、ウィルソンは大統領になると、連邦首都ワシントンの連邦政府機関に、白人と黒人とを区別する隔離措置を持ち込んだ男である。

差別撤廃のために活動していた全米有色人種地位向上協会（NAACP）は、ウィルソン政権の黒人兵に対する不当な扱いを糾弾した。この協会の機関誌『クライシス』で、ウィリアム・E・B・デュボイスはベーカー陸軍長官に公開質問状を発して、大戦後の州軍政策を問いただした。

これに対してベーカーは同誌の一九二〇年七月号で、「常に陸軍省は、白人と黒人が同じ師団にならないようにしてきました」と述べた。戦争終結で兵員を減らしているとき、黒人だけで師団を創ろうとしても、それに足るだけの黒人兵がいないとしたうえで、州軍に属する黒人は州境を越えて新設する「パイオニア連隊」に集める方針であると説明した。ベーカーは黒人兵に資材運びなどの労役だけをさせるつもりはなく、軍事訓練をすると言ったが、この言葉を真に受ける者は少なかった。一九世紀末以降、南部諸州でおこなわれた人種隔離措置を北部に持ち込もうとしていることは、明白だったからである。

南北戦争で北軍の中心勢力であった諸州にとって、ウィルソン政権の州軍政策は、到底受け入れられるものではなかった。一九一六年国防法で州軍が予備軍化されたため、州政府が州軍の部隊編制を決めるとき、連邦政府からの認可が必要になっていた。しかし、イリノイ、ニューヨークは「パイオニア連隊」に反対し、独自予算があるとの理由で黒人部隊を維持した。またマサチューセッツでは、黒人団体と相談し、黒人たちに最新鋭の軍事訓練をおこなう機関砲大隊を新設した。これらの州では州軍内に、黒人士官による戦闘部隊が維持されることになった。

このように大戦後、南部以外の州で黒人兵の処遇をめぐって混乱が起こった。ウィルソン政権が南部の州に配慮して人種隔離措置を徹底しようとしたことが、北部の反発を招いたのである。こうしたことが発生した第一の原因は、ウィルソン大統領やベーカー陸軍長官の南部寄りの態度にあった。ただ、それとともに彼らの政治的未熟さもあった。両者は平和主義者であることを誇っていたが、戦争を嫌っていたために陸軍行政にうとかった。そのうえ、彼らの政治経験を見ると、ウィルソンは州知事を二年間、ベーカーは市長を三年間務めただけで、連邦政府の要職に就いたことはなかった。黒人差別を当然とする南部の圧力をはねのけて、軍における人種平等に取り組むためには、よほどの政治的力量が必要とされたが、それがなかったのである。

人種差別撤廃に舵を切った連邦政府――フランクリン・ローズヴェルトと黒人団体

アメリカにとって幸いであったのは、一九三九年にふたたび世界大戦が勃発したとき、北部

図5-2　エレノア・ローズヴェルト（1900年）

出身の政治的実力者が大統領になったことである。それは、ニューヨークの名家に生まれたフランクリン・D・ローズヴェルトである。

　ローズヴェルトはウィルソン政権で海軍次官を務めた経験があって軍政に詳しく、徴兵制導入がどんな問題をひきおこすか、よくわかっていた。このため徴兵をおこなうとき、妻エレノアの力を借りて、事前に黒人団体の代表と会合を持った。

　それは一九四〇年九月のことである。ローズヴェルトの大統領再選がかかった一九四〇年選挙の二カ月前であった。この選挙で野党共和党は、人種差別の解消を前面に打ちだして選挙を戦っていた。共和党は政策綱領に、「この国の経済的、政治的生活において、黒人の血をひくアメリカ市民が公正に扱われることを、我々は約束する。官庁、陸海軍など、すべての政府機関で差別は禁止されねばならない」と明記し、黒人の支持を得ようとしていたのである。また、共和党議員の努力により、連邦議会で軍における不当な黒人差別が明らかにされていた。

　こうした批判を受けて、自らの党である民主党の不利を悟ったローズヴェルトは、妻エレノアに頼る（図5–2）。彼女はシオドア・ローズヴェルトの姪であり、叔父シオドアのように高き理想を抱いて政治活動に打ちこんできた。黒人団体とも太いつながりを持っていたのである。小児麻痺で倒れたフランクリン・ローズヴェルトが政界に復帰して、ニューヨーク州知事から大統領になれたのも、彼女の政治力が大きかった。

大統領と黒人団体の交渉の後、人種関係の改善に取り組んだのは、ヘンリ・スティムソンである。民主党のローズヴェルトが、政党の違いを超えて挙国一致で大戦に対処したいと懇請したため、陸軍長官になった共和党員である。彼はシオドア・ローズヴェルト政権による陸軍改革で中心人物となったエリフ・ルートの片腕で、自身も一九一一年から一九一三年に陸軍長官を務めた経験がある。ローズヴェルトは彼に陸軍を任せることで、人種関係の公正を実現することを目指した。また、ハワード大学ロー・スクールの学部長ウィリアム・ハスティを陸軍長官特別補佐官、キャンベル・ジョンソン大佐を選抜徴兵局顧問にするなど、陸軍人事で黒人団体の推薦する人物をあてていった。

南部選出の民主党政治家は、ローズヴェルトの差別撤廃政策に反発した。しかし、大統領も陸軍も、南部の根強い黒人差別を容認して、軍に対する国民の信頼を傷つけるわけにはいかなかった。その大きな理由として、ドイツとの戦争の大義も関係していた。一九四〇年代にアメリカが世界大戦に臨むとき、ドイツのナチス政権がユダヤ人を迫害していることを厳しく批判した。そうしたアメリカが国内で黒人を差別しては、世界から非難を受けることになる。このことを怖れたのである。

ただし、戦時下では南部の戦争協力を得ることも重要であった。このため、ローズヴェルトは差別禁止措置を徹底することはできなかった。しかし、ローズヴェルトの後継者であるトルーマン大統領は、世界大戦が終わると、一九四八年に行政命令九九八一を発する。それは、軍における人種隔離の廃止を宣言するものであった。この命令に基づき、軍での人種平等を検討するための大統領諮問委員会が設置され、その委員会の報告書「奉仕する自由(Freedom to Serve)」が一九五〇年に承認された。そして一九六〇年代までの長い時間をかけながら、正規軍と州軍は連邦政府が設定した人種平等の基準に沿った部隊の再編をおこなっていく。

3　公民権運動以降の州軍と民間ミリシア団体

人種隔離廃絶——南部の暴動で追いこまれた連邦政府

近代化した軍隊で、白人部隊と有色人種の部隊を別にすることは難しい。兵器を使いこなすのに高度な専門技術が要求されるようになった時代、戦場で死傷者がでて兵員補充しようとしても、黒人部隊には黒人しか充当できないというのは、不合理である。アメリカ国内には黒人人口が少ない州も数多かったから、そうした州の黒人兵を全米の数カ所にまとめて部隊を創るのも、時間と予算の浪費である。一九四〇年代後半、軍の実務を第一にすれば、人種隔離の廃止は当然の選択であった。

しかし、南部の白人は自州で実施している隔離にこだわって抵抗した。究極のところ、州法や自治体の条例で人種隔離を定めているところをなくさない限り、軍の人種統合も実現しないのであった。

隔離廃止は、一九五〇―六〇年代の公民権運動によって達成される。

その始まりは、アラバマ州モントゴメリーである。バスの利用は人種別に着座することになっており、それを利用者に守らせるため、アラバマ州の法律ではバス運転手は警察官に等しい権限を与えられていた。一九五五年、ローザ・パークスという女性が指定された着席を拒否して逮捕されたことから、人々は抗議活動をおこなう。そして、抗議者への嫌がらせや暴力、警察による逮捕といった迫害を受けながらも、バス内での隔離廃止に成功した。

しかし、平等を求める黒人の運動が激しくなると、黒人を襲撃する事件や暴動が南部各地で頻発した。アーカンソー州リトルロックでは、一九五七年、それまで白人生徒だけであった高校に黒人入学が認められると、それを阻止するために千人を超える白人の暴徒が集まった。暴徒による黒人生徒への暴力を阻止するため、連邦政府は正規軍をリトルロックに派遣せねばならなくなり、同州の州軍も正規軍に編入された。州兵が暴徒に加担できなくするためである。

連邦政府の南部社会への介入が続くなか、一九六四年には公民権法が成立する。それは、職場と公共施設での人種隔離のみならず、教育や雇用の差別をなくすために、連邦政府が積極的に権力を行使することを定めたものである。南部のみならず、全米のどこでも差別を禁止するためであった。

ちなみに、この法律の成立を後押ししたのは暴力であった。大統領ケネディがテロリストに暗殺されたのである。それは、人種紛争で揺れるテキサス州ダラスで起こった。殺されたとき、ケネディは公民権法を提案していたが、大統領暗殺という非常事態が全米を驚愕させ、公民権法を何としても成立させねばならないという世論を生みだしたのであった。

ベトナム戦争期の州軍――「志願兵だけの軍隊《オール・ヴォランティア・フォース》」が生まれた背景

一九六〇年代半ばに入ると、人種暴動は南部以外の地域でも広がる。一九六五年にカリフォルニア州ロサンゼルス市のワッツ地区で、白人警官の黒人逮捕に怒った人々が放火や略奪をおこなった。これ以前から、シカゴ、ニューヨークなどで暴動は起こっていたが、毎年、頻発するようになったのである。人種による不平等に怒った黒人住民の暴力を止めるため、各地で州軍部隊は出動するようになっていた。

こうしたなか、きわめて不名誉な事態が州軍を襲う。徴兵から逃れる手段として、州軍への志願が選ばれるようになったのである。

その原因は、ベトナム戦争であった。一九六四年、ベトナムのトンキン湾沖でアメリカ海軍艦艇が攻撃されると、リンドン・B・ジョンソン大統領はベトナムとの本格的な戦争に踏み切った。しかし、東南アジアの小国であるベトナムに大軍を送るのは避けようと、予備軍の派兵は見送る。出生率が第二次世界大戦後に急増したこともあって、人口が増大し、徴兵で集めた小規模の兵員でも、ベトナムでの紛争に対応できると考えたのである。ところが、戦況は思わしくなく、事態を打開しようと一九六九年には五四万人もの兵員を戦場に投入してしまう。

このとき、州軍は頻発した暴動に対処するため、国内勤務を続けていた。州軍がベトナムに出征しないのを見た人々のなかには、徴兵される前に州軍に入隊するのが得策と考える者がいた。ベトナムに送られるのを避けるためである。こうした事態は連邦政府として放置することができない。そこで、州軍の一部をベトナムに派兵した。しかし、その数は最大でも七千人弱で、陸軍部隊とは別に派遣された空軍州兵《エア・ナショナル・ガード》（一九四七年に連邦政府に空軍が設けられたとき、州軍に属していた航空部隊が独立組織になったもの）をあわせても、九千人程度である。しかも、大統領がニクソンに代わると、州軍の派兵は大幅に削減された。州軍への志願は、戦場行きの可能性を、確かに低くしたのである。

徴兵逃れの場と非難されるのは、州軍にとって手痛い打撃である。そこに新たな非難を浴びる出来事が起こる。大学生たちの反戦運動である。一九七〇年、オハイオにあるケント州立大学でベトナム戦争を批判する学生が抗議活動をおこなっていると、州軍部隊が発砲して学生四名が死亡する事件が起きた。この一〇日ほど後、ミシシッピにあるジャクソン大学でも暴動が起こり、白人警官が二人の学生を射殺した。こうした騒乱は他の大学でも次々と起こり、三五〇以上の大学で学生ストライキが発生、二〇以上の大学に州軍が介入する事態となる。州軍は徴兵逃れを問題にされる一方で、大学生を弾圧する政府の暴力装置としても批判された。

州軍、そして正規軍への批判をなくし、軍全体の権威を回復するには、国民に不人気なベトナム戦争をやめて徴兵も中止するしかない。ニクソンは一九六八年大統領選挙に立候補したとき、この必要を十分に理解していた。そこで、選挙戦でベトナムからアメリカ軍を撤兵させたときに徴兵をやめると約束し、一九七二年、それを果たす。

今日の志願兵——報奨制度と民間軍事企業

徴兵がなくなると、正規軍と州軍との違いが薄くなる。

州軍は州の軍隊で、民間人として暮らす市民が、州の治安維持や災害救助のために働くものである。しかし、正規軍が志願兵だけで構成されるようになると、正規軍と州軍は兵員の募集方法が同じになる。採用担当官の面接を受けた後、試験を受けて合格しないと、軍隊入りが許されない点で、ともに違いはない。兵員の採用基準が統一されたためである。一九世紀末から連邦政府の基準に従って各州の州軍は再編されてきたが、二〇世紀末には募兵も標準化された。

また、州軍は連邦政府の出動要請に応え、ベトナム戦争後は湾岸戦争、アフガン戦争、イラク戦争で戦っている。兵器や施設の整備、軍組織の管理のためにフルタイムの職も増えているので、制度や業務内容に違いはあるものの、軍人としての仕事は同じようになっている。現在の州軍には召集されると、アメリカ国内の活動なら二カ月以内、海外での活動なら一年以内の範囲で勤務を続ける兵員がいる。彼らと正規軍軍人との違いは、正規軍の任務をおこなっていないとき、州の仕事をしていることだけである。

ところで、ベトナム戦争期に反戦活動が燃えあがった後、志願者だけで軍を運営するのに十分な兵員が集まったのであろうか。一九六八年一〇月一七日、ニクソンがCBSラジオで選抜徴兵制廃止を訴えたとき、「軍隊が必要とする高度の技術を持った専門家を雇って働き続けてもらうためには、軍で働く方が非軍事部門で生活するよりも魅力的であるようにせねばなりません。主要なインセンティヴははっきりしています。より高い給与と医療保険や年金などの特典を増やすことです」と述べていた。

植民地期から志願兵を報奨《バウンティ》で集めることは広くおこなわれてきた。公有地や金銭を志願者に給付したのである。メキシコ戦争で志願兵の募集が盛んになると、志願兵部隊のなかには州政府が提供する報奨金を独自に積み増すところもあった。また、南北戦争で徴兵制が導入されると、自らの徴兵を避けようと軍に身代わりの者を差しだそうとする白人も多かったので、そうした白人のために、軍に入る解放奴隷を探しだす商売が生まれて繁盛した。裕福な白人は金銭で黒人兵を探して、軍に志願させたのである。

選抜徴兵法が提案されたとき、徴兵導入の理由の一つとされたのが、こうした報奨制度の問題であった。軍役が市民の義務である以上、金銭で人を誘導することは望ましくないと説かれたのである。しかし、徴兵制がなくなった後、兵員募集の基本は高い給与と報奨になった。

福祉制度の貧弱なアメリカにあって、もっとも福利厚生で優遇されている職業が軍人である。第二次世界大戦の兵士のために一九四四年復員兵援護法が制定されて、教育・雇用への連邦補助が制度化された。ニクソン政権は軍人の福利厚生の充実をアピールするとともに、大学や高校の教育において、連邦政府が補助する軍事プログラム(予備士官養成課程、予備士官補養成課程)を増やすことで、軍への志願者確保をはかった(図5-3)。

ベトナム戦争後は大規模な戦争がなかったので、志願兵の確保に迫られることはなかった。しかし、二〇〇一年、イスラム教過激派組織による同時多発テロがニューヨーク市や首都ワシントンなどで起きると、兵員確保がふたたび問題となる。そこで、大規模な軍人への福利厚生の拡充がおこなわれた。

ポスト九・一一退役兵教育援助法（二〇〇八年）によって、同時多発テロ後に軍務に就いた者は、現役軍人として一定期間働くと、四年制大学の学費が全額免除されるほか、学用品などでも金銭援助が与えられることになった。また現役軍人が軍務期間を延長する契約を結ぶと、特典を受ける権利を家族に譲渡することもできた。

図 5–3　徴兵制が停止される前年の 1971 年にだされた陸軍兵募集の公告．陸軍に入隊すれば，赴任した海外で 30 日の有給休暇がとれることを示して，入隊を勧めている

周知の通り、アメリカの大学教育は高価である。軍隊に入れば自分の大学資金が入手できるのは魅力的である。また、自分が働けば、配偶者や子に大学教育を与えることができるというのも、低所得層にとってはありがたい。

連邦政府はこのように軍への志願の特典を用意する一方で、アメリカ軍の兵員削減にも取り組むようになった。民間軍事企業を活用することによって、正規軍や州軍の投入兵員数を減らしてきたのである。

徴兵をなくしたのは、軍事技術が著しく発展して、専門技術を持つ職業軍人が戦争の中心になったからであった。もし、そうした技術を持つ人々を集めた民間企業ができたなら、軍隊における軍人雇用を国家は減らすことができる。連邦政府は、ベトナム戦争で戦傷者が黒人や低所得者に偏ったことを批判されて以降、危険な軍事任務を請け負う民間企業があるならば、軍に代わって利用するようになった。佐野秀太郎の研究では、二一世紀には民間軍事企業の活用が前例のない規模に達し、アフガン戦争では正規軍と予備軍の八万八二〇〇人を凌ぐ、一一万七二二七人が雇用されたのである(『民間軍事警備会社の戦略的意義』、二六八頁)。

民間軍事企業とは言葉をかえれば傭兵である。一九六八年にニクソン大統領が徴兵をなくすと約束したとき、「志願兵だけの軍隊」にすれば、それは金銭を目当てに働く人々の組織であり、傭兵に他ならないのではないかと批判された。ニクソンは政府軍として星条旗のもとで戦う者に、こうした批判はあたらないと反論したが、現在のアメリカは報奨で志願兵を集め、民間軍事企業に頼りながら軍事活動をしている。

アメリカ政府が民間軍事企業を活用していることは、折に触れ、問題とされてきた。企業の社員が罪に問われたこともある。それは、二〇〇七年にイラクのバグダッドにあるニソール広場で一七名が殺害された事件である。犯行をひきおこしたのはブラックウォーター社で、一九九六年に退役した海軍軍人が創設した企業であった。イラク戦争で要人警護をおこない、戦後も引き続き治安維持活動に従事していた。この事件では、社員が誤って民間人を銃撃し、イラク警察とも交戦になって多くの死傷者をだしたのである。社員四名が殺人で起訴されて有罪となった。

海外で軍事活動に従事した者が、アメリカに帰国して暴力事件を起こすこともある。キャサリーン・ベルーによれば、二〇世紀末に台頭した民間ミリシア団体は、その起源を、海外で活動していた元傭兵たちによる右翼運動に求めることができるという。

ポピュリズムの爆発――「専制」化する連邦政府への抗議と民間ミリシア団体

一九七〇年代、アメリカ社会で「人民《ピープル》」という言葉が流行する。連邦政府の在り方を問題にしてのことであった。

アメリカ革命の際に発表された独立宣言(一七七六年)は人間の平等を謳い、人々の権利を政府が守らなくなったなら、人民には政府をただす権利があると述べていた。この独立宣言の精神に照らすなら、当時の政府は明らかなあやまちを犯していた。ベトナムの戦場へ送る兵士を集めるにあたって連邦政府は、黒人を他人種よりも多く徴兵し、その一方で徴兵逃れをする者を取り締まれないでいた。

ニクソン大統領はこうした事態の解決に取り組んだものの、ベトナムからの撤兵も徴兵中止も実現するまでに四年もかかった。このため、世論では大統領への厳しい批判が巻き起こり、次第に大統領を追い落とすための運動が過熱化した。さらには、政権内部にも大統領不信の声があがり、一九七二年選挙をめぐるスキャンダル(ウォーターゲート事件)をきっかけとして、ニクソンは大統領辞任に追いこまれた。ニクソン政権の不法な活動、さらにはニクソンが事件の揉み消しをはかったことに驚いた国民は、連邦政府の腐敗を厳しく糾弾するようになる。そして、人々の権利を正しく守る人民の政府《ポピュラー・ガヴァメント》を取り戻すべきと訴える運動が急増した。

ここに、二一世紀の現在につながる人民運動、つまりポピュリズムの端緒が生まれる。

その後の歴史に照らして、このポピュリズムの展開を考えると、ポピュリズムを唱える勢力には、大きく分けて二つのグループがあった。その一つは公民権運動やベトナム反戦運動を展開した人々の流れをくむ左派である。もう一つは、人種隔離維持や反共産主義を唱えた人々の系譜にある右派である。

左派と右派の政治的理想は正反対であるし、それぞれのグループの内部でも対立があった。しかし、人民理念を掲げて、連邦政府の政治運営を「専制」的と批判する点では違いはなかった。また、国民が抱いた連邦政府への不信感を巧みに利用して自派の勢力を拡大し、大統領や連邦議会の多数派を自分たちの味方にしようとするところも共通した。これら共通点が、二一世紀アメリカのポピュリズムの特徴になったのである。

ただ、一九五〇年代の公民権闘争の時点で、すでにポピュリズムの萌芽は現れていた。たとえば、前述した一九五七年のリトルロックでの事件である。黒人生徒の高校への安全な通学を求めて、隔離廃止派が正規軍派兵を求めると、隔離維持派はこうした動きを利用しようとする。派兵があれば、連邦政府が州民の意思を踏みにじって、教育現場を強引に人種統合したことがはっきりすると考えたのである。川島正樹によれば、州軍司令官であるオーヴァル・フォーバス知事が、この立場であった(『アメリカ市民権運動の歴史』、七〇頁)。

図 5-4　1963 年 6 月 11 日，黒人のアラバマ大学入学を阻止しようとしているジョージ・ウォレス知事

フォーバスは州軍を動員して黒人生徒の入校阻止をはかろうとしたが、正規軍によって阻止された。しかし、州民は隔離維持を望む自分たちの意志を貫いてくれたことを喜び、この結果、フォーバスはこの後、一〇年間、知事職を務めることができた。

同じことは一九六三年のアラバマでも起こった。アラバマ大学に黒人が入るのを、州軍で阻止しようとしたジョージ・ウォレス知事(図5-4)は、隔離派の声望を集めて一九八七年まで続く長期政権を築く。そして、一九六八年以降、たびたび大統領選挙に出馬するほど、全国的な人気を得る。大統領命令で州軍が黒人保護にまわるとわかっていながら、フォーバスもウォレスも州軍を動かしたのであるが、それによって隔離を支持する多くの有権者の心をつかんだ。ポピュリズムは大衆迎合主義と訳されることがあるが、この二人の知事はその典型である。

右派ポピュリズムの代表者として登場し、大統領になったのがロナルド・レーガンである。彼は一九八一年に大統領になると、その就任演説で「政府は問題を解決しません。政府こそが問題なのです」と断言する。ポピュリズムの活動家から諸悪の根源とされた連邦政府を全面攻撃したのであった。そうしたレーガンの当選には、南部で人種隔離にこだわっていた白人層が貢献していた。彼らは民主党から離れて共和党を支持するようになっていたのである。またこの時期、キリスト教の信仰に熱心な民主党員は、民主党が妊娠中絶容認のように、自らの信じるキリスト教の教義と抵触する立場をとるようになったため、離反していく。共和党を支持するようになったのである。

勢力を拡大した右派のポピュリストは、レーガン政権以降、連邦政府が州の問題に介入しないように働きかけて、成果を収めるようになっている。現在、一九六四年公民権法、そして連邦最高裁での差別禁止の判決によって、いかなる者も差別を正当化することはできなくなった。しかし、右派ポピュリズムが推す人物を大統領にすれば、連邦政府の州への介入は避けられる。もし、右派のポピュリストと敵対する民主党が大統領選挙に当選したときは、備えが必要になる。連邦政府の警察や正規軍が市民生活に不当な介入をしないため、自衛組織を準備せねばならないのである。このように考えた右派ポピュリストによって、一九九〇年代、第一章で述べた民間ミリシア団体の創設運動が進められた。

おわりに――問い直される人民武装理念

本書は二一世紀アメリカの暴力文化の起源をたどって、ミリシアの歴史を描いてきた。

現在のミリシアは州軍と呼ばれるようになり、連邦政府の規制の下に兵員の募集と部隊編制、訓練をおこなっている。一七世紀に植民地が設立されたとき、白人定住地の住民たちが生存のために設けた組織であったものが、大変貌を遂げたのである。世界各地で活動するアメリカ軍の一翼を担う軍隊として、州軍はその役割に相応しい組織になっている。

究極のところ、軍のかたちを決めるのは兵器と交通通信手段である。近代になると、これらの開発と配備、維持に巨額の費用がかかるようになったため、国家でなければ保有が難しくなる。戦争のための軍備を州政府で用意するのは困難化したのである。ミリシアは州の軍隊である。しかし、連邦政府の援助に頼り、連邦規制のもとで州の違いを超え、全州が一体となって有機的に運用されるようになる。国防計画は戦争のプロフェッショナルである正規軍幹部と国防総省の官僚が中心となって策定し、州軍もその計画に沿って整備されるようになった。

このようなミリシアの変化を考えるとき、注意すべきことが二つある。その第一は、組織の変革が、長い歴史のなか紆余曲折があって達成されたことである。

イギリスの植民地であった時代から、植民地から遠く離れた戦場に出征するときは、ミリシアとは別の部隊である植民地軍が組織されていた。独立革命や一八一二年戦争でも、ミリシアでは敵と戦うのに不十分なことが、たびたび証明された。一八一二年戦争後に列強の脅威が薄れると、州政府の命じる強制軍事訓練への市民の反発も見られるようになり、ミリシアはそれまでの住民全員参加の組織をあらため、志願兵による組織となった。その業務も、治安維持や災害救助の活動、祝賀式典のパレードなどになったのである。

つまり、ミリシアは一九世紀前半、それまでのミリシアとは異なる組織に生まれ変わっている。志願兵のミリシア部隊は、市民が自発的に結成した団体を州が認可することによって、州政府の軍隊となった。戦時には州に割り当てられた兵員の募集を、やはり市民団体が中心におこない、州政府がその団体の意向に沿って士官の任命をおこなった。南北戦争後、銃砲などの兵器が高価になると、ミリシアは州軍と呼ばれるようになり、連邦政府の補助金を得ながら、装備の充実をおこなっていく。こうした組織変化の延長線上に、第一次世界大戦以降の州軍の予備軍化が実現した。

注意すべき第二の点は、一九世紀前半から、アメリカの軍隊で志願兵制が維持され続けていることである。軍の近代化を論じるとき、徴兵制が注目されることが多いが、アメリカにおいて軍の整備で貢献したのは志願兵制である。

建国以来、正規軍の規模を最低限にすることは、アメリカの伝統になっている。しかし、規模の抑制ができたのは、必要なとき、軍に兵員を集めることが容易であったためである。戦場で活躍できる軍隊経験者、そして経済的報酬に魅力を感じて軍に入隊する者が多かったことが、平時における正規軍の小規模化を可能にした。アメリカが対外戦争をしていないとき、中南米の紛争で兵士として戦う者もいれば、先住民との戦いで基本的な軍事技術を身につける者もいた。志願兵部隊は募兵の際に国籍を問わなかったから、ヨーロッパ革命に失敗してアメリカへ亡命した革命家からも、軍への入隊希望者を募ることができた。

二〇世紀の二つの世界大戦では、選抜徴兵制によって正規軍の兵員を調達したが、ベトナム戦争で徴兵反対運動が起きると、志願兵制に復帰する。給与や医療保険、年金などを充実させることで、軍への志願者を集めることができたのである。二〇世紀末以降になると、正規軍の業務をスリム化し、州軍と民間軍事企業に委ねることで、正規軍の規模抑制をしている。

以上のようなアメリカの軍隊の発展は、大雑把に言えば「近代化」と表現することができよう。軍隊は戦争に取り組むものであるから、もっともうまく戦争に備えられるように組織が合理化されていくのは必然である。

しかし、ミリシアを戦争の側面からだけで考えるのは、間違っている。合衆国憲法修正第二条が制定されたとき、その制定を要求した人々は、政府からの自由を保障する市民の武装組織としてミリシアを位置づけていた。専制政治と戦う市民組織としての側面からも把握しなければならないのである。

ミリシアはアメリカ史上、さまざまな反乱の母体であった。反乱者たちは自分たちこそが「人民」の意思を体現する者であると名乗ってミリシアを動かし、騒乱を起こしてきた。合衆国憲法を制定し連邦政府を創った人々は、イギリスの封建政治を否定し、アメリカ独立革命を成し遂げた革命家であったから、国家の基礎が人民にあると考えて、人民主権理念に基づいた国づくりを目指した。しかし、反乱を起こしかねない「人民」の組織と、どう折り合いをつけたらよいのかは、決めかねていた。

この革命家たちの迷いの根本には、ミリシアの民主性があった。

財産の有無などで選挙権が制限されていた時代、政府は特権を持った一部の人々が、民衆を支配するために創った機関と言われても仕方がなかった。そのような政府が決めたことに対して、財産のない者も所属するミリシア部隊が、隊員の総意を集めて撤回を求めること、そして、もし認められないときは武力に訴えることには、それなりの正当性があった。ミリシアの反政府行動をなくすには、選挙権での差別をなくすしかなかった。

実際、選挙権の制限をなくした普通選挙がおこなわれるようになると、政府への反乱は減少する。ミリシアの士官や兵員は政党と深い関係を持っていたから、暴力で政府に圧力をかけるより、自分たちの仲間を選挙で当選させて、ミリシア隊員の要求を通すようになったのである。もちろん、ミリシアの政府への反発がおさまったわけではない。宗教や奴隷制廃止の是非をめぐって暴動が発生したとき、ミリシアは政府の鎮圧命令を無視して、暴動側に同調することがあった。しかし、南北戦争直前の時期になると、志願兵制が定着していたので、不服従がひどい場合、州政府は問題のある部隊を解散し、命令を受けたら忠実に従う部隊を創設することができた。そして、二〇世紀に入って州軍が予備軍化すると、正規軍と同じく政府の命令は絶対となり、州政府はもちろん、連邦政府の命令にも反抗できなくなる。州軍の兵員に、政府の決定に従い、その命令を遵守する義務が課されたためである。

二〇世紀、州軍が政府の命令に従うようになったのは、合法的支配の貫徹と見なすことができる。政府の軍隊の兵員が、政府の正当な手続きに沿って決定した命令に従うのは、法律に基づいた行動だからである。

しかし、このような組織となった州軍に、政府からの自由を保障する武装組織としての行動は期待できない。南北戦争から一世紀が経過した後、公民権運動をきっかけに連邦政府が南部諸州の自治に介入するようになる。そうした介入を決定した民主党政権に反発した人々は、黒人の権利を保障するための行動を、連邦政府の専制と非難した。しかし、州政府が連邦政府の決定に反発して、州軍を動かしても、もはや抵抗できなくなったのである。こうした状況下、一九九〇年代には自由を守るためには市民の武装しかないとの声が強まり、全米各地に民間ミリシア団体が誕生する。政府からの自由を守るための人民武装が憲法上の権利として保障されていることを考えるならば、民間ミリシア団体の誕生は、州軍の予備兵化の一つの帰結であった。

本書の総括としては、右で十分であるが、最後に、人民武装を保障した合衆国憲法修正第二条の現在に触れておこう。

二〇〇八年、連邦最高裁判所は「自由な国家の安全」とは何かをめぐり、歴史的な判断をくだした。ワシントン特別区対ヘラー判決である。この判決はそれまでの解釈を根本的に変更し、修正第二条の定めた、銃を保有する権利は、市民が自衛のために銃を所持するためのものであると決した。従来の判例は、銃の保有はミリシアを創るために認められたものであるとしていた。これを覆し、個人の自衛権を行使するために銃が持てることになったのである。この結果、連邦政府はもちろん、州政府や自治体が銃規制の法律を制定することが、大きく制限されることになった。

ヘラー判決を生みだしたのは、歴代の共和党政権の努力である。銃を所持する権利を主張する保守派の人々は、選挙で共和党の大統領や上院議員を当選させ、それが共和党系の最高裁判事の就任をもたらした。ヘラー判決は民主党系の判事の猛反発にあったものの、五対四という僅差で決定された。自衛のために武装した市民が集まって民間ミリシア団体を創ることが、この判例で容易になったことは、言うまでもない。

ここには、歴史の皮肉がある。

自衛のための銃の保有が修正第二条によって保障されていると主張しはじめたのは、一八四〇年代の奴隷制廃止論者であった。黒人を抑圧する奴隷主と戦うなかで提唱された憲法の新解釈を、アメリカという国の正式の見解にしたのは、人種の平等に向けた動きに異を唱える保守派であった。そして、この新解釈をもたらしたヘラー判決を誰よりも喜んだのは極右ミリシア団体なのである。

ソール・コーネルによると、建国の当初から、州政府に銃規制をおこなう権限があることを疑う者は、ほとんどいなかった。修正第二条の解釈をミリシアと切り離した個人の権利とする者もなかった。ミリシアと切り離して、自衛のための銃所持の権利を提唱しはじめたのは奴隷制をなくすために戦った人々であり、誰よりもはっきりと修正第二条の新解釈を提唱したのはチャールズ・サムナー上院議員であった。

後に共和党急進派の代表者となるサムナーは、一八五六年、「カンザスへの犯罪」と呼ばれる大演説をおこなう(図)。「カンザス住民が銃の保有のゆえに咎《とが》められている」のは憲法修正

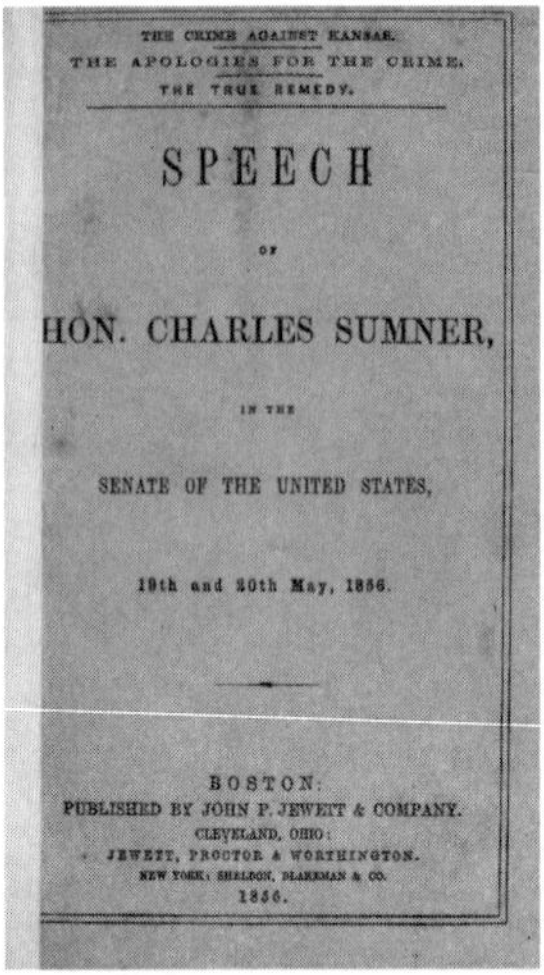

冊子となって配布されたチャールズ・サムナーの「カンザスに対する犯罪」演説

第二条を無視するもので、住民には自衛の武器を持つことが憲法上の権利として保障されていると声高に主張したのであった。この発言は、奴隷制問題で揺れるカンザスの地で、銃犯罪が起こるのを煽っていると批判された。また、銃を保有する権利の制限を訴えていたアンドリュー・バトラー上院議員に対して、演説のなかで執拗な人格攻撃をおこなったため、バトラーの支持者から恨まれた。サムナーは、バトラーの甥から連邦議会の議場で襲撃され重傷を負うことになったのである。

連邦議会における傷害事件として、今日まで伝えられるサムナー襲撃は、修正第二条と関係していた。合衆国憲法で銃の所有を市民の権利として認めるアメリカには、自由を守るためなら、暴力の行使もいとわない気風が満ちている。二一世紀はサムナーが生きた南北戦争の時代と同じく、政党対立が暴力を巻き起こす混乱期となり、その混乱を終息させる方途は、いまだ見いだすことができていない。

あとがき

本書は、アメリカに暮らす人々の生活に溶けこんでいるミリシアに着目して、この国の暴力観とポピュリズムを考察してきた。

アメリカ理解にミリシアが大切なことは、日本でも数多くの研究者が説いてきた。しかし、その実像を描いた著作は少ない。本書は独立革命で活躍したジョージ・ワシントンや建国の英雄たち、アメリカ大統領や軍高官に言及しているが、叙述の中心にしたのは政府のエリートではない。一九世紀中期にミリシア訓練日を準備していたメアリ・ローガンのような女性、南北戦争で北軍に志願したウィリアム・シングルトンのような元黒人奴隷の存在を、できるだけ示すことを心がけた。軍事制度やその運営を説明する必要から、革命家や政治家に触れているものの、制度の基盤となっている文化を理解するには、アメリカの市民生活の実態を論じねばならず、そのためには、ジェンダーや人種、移民、宗教などについて広く見渡した記述をすることになる。私は力の及ぶ限り、女性史や黒人史、移民史の文献を参照して、この書を作成した。制度よりも文化に力点を置いている点で、アラン・テーラーの初期アメリカ研究や二〇世紀末から隆盛したグローバル・ヒストリーと共通の立場をとったつもりである。

他面、国家権力や国民意識の把握では、アメリカ研究の古典的手法をもちいた。一九四〇年代後半から一九五〇年代、リチャード・ホフスタッターやルイス・ハーツなどが提唱したアメリカ史解釈は、コンセンサス史学と呼ばれる。それは今日までアメリカ研究の基本的枠組みとして存在しており、アメリカ社会の伝統やナショナリズムを鋭く問いただす視座を提供している。近年、ホフスタッターやハーツの研究に対して、アメリカとヨーロッパとの文化的な違いを強調しすぎていると批判する人々がいる。先進国全体で共通して見られる民衆抑圧や差別主義をより重視すべきと言うのである。しかし、抑圧や差別を歴史的に探究していくと、それらの根源には国ごとに固有のものがある。文化研究の核心とはそうした固有性の解明にあると信じて、私はコンセンサス史学で学んだことをもとに、アメリカ特有のミリシア文化を考察した。

ところで、私が抱いているミリシア像を素直に述べると、二〇世紀以前のそれは、成功を夢見る野心家や自分の利得しか関心のない俗物が大勢いる組織である。そして、その兵員は大らかで快活であった。

御多分に漏れず、こうしたイメージのもとになっているのは、自分の研究以上にハリウッド映画である。一九四一年に公開されて、主演のゲーリー・クーパーがアカデミー賞主演男優賞を受賞した『ヨーク軍曹』は、子供の頃に観て、とくに大きな印象を受けた。

それは第一次世界大戦で徴兵された貧しい農民を描いたものである。主人公ヨークは、テネシー州の片田舎に生まれ、二〇代前半は酒を飲んで喧嘩を繰り返す乱暴者であったが、あるとき、キリスト教の信仰に目覚めて誠実な生き方をするようになった。そうしたヨークは、国家のためとはいえ、軍に入って敵兵を殺すのは神が許さないのではないかと苦悩する。そのことを牧師に相談すると、信仰と市民の義務は両立できると諭され、迷いを断って戦場に赴いた。そして、悲惨を極めた西部戦線で輝かしい軍功を立てたのである。映画のラストシーンでは、帰国したヨークを故郷の人々が称えて、彼と婚約者のために新居と農場が贈られるところが描かれている。

若き日に道を誤っても、悔い改めて正直な生き方をすれば幸せになれる。『ヨーク軍曹』は日本の真珠湾攻撃の数カ月前に公開されて大ヒットしたが、この映画の伝えるメッセージは明るく前向きである。二一世紀に生きる者は、個人の努力だけでは克服できない人種やジェンダーなどの壁に注目しがちなので、この作品のストーリーに現実味を感じないかもしれない。しかし、それは実話であり、ヨークの前半生を忠実に描いている。無論、公開時期を知ったうえで観ると、前年に再導入された選抜徴兵制が悪いものではないと宣伝した国策映画の色彩があることは否定できないが、素朴な生活を営む市民こそが国の中心であるとしている点で、いかにもアメリカらしい作品である。

無論、作品の背景知識を持って観たわけではない。小学生の私が素直に感じたのは、誠実に生きていけば必ず報われるということで、本当に感動した。その後、大学院に入って、ヘンリ・スティムソン陸軍長官の資料を使って選抜徴兵制の論文を作成しはじめたとき、ヨークのことを調べてみると、あらためて感じるところがあった。

本書で述べたように、無学の貧農や警察沙汰を起こすような者は、真っ先に徴兵されて、軍の最下層の兵卒になった。そうした兵卒のなかから生まれた英雄がヨークである。しかも、彼は南北戦争で負けた南部の出身であった。二〇世紀初頭まで、戦争を語るときには奴隷制度を守ろうとして反乱を起こした南部の罪がずっと責められていた。そうした南部から国のために大手柄を立てた英雄がでたのである。政府もメディアも、ヨークのことを南北の新しい時代を創ったシンボルとして大きく取りあげた。

しかし、そうしたヨークが、英雄に祭りあげられた後にたどった道は苦難に満ちていた。メディアでは軍功を意地悪く疑ったり批判したりした記事が発表される。偶像《アイドル》イメージを破壊するためである。帰郷して家と農場が贈られたのは事実であったが、農場経営の資材は自費で購入せねばならなかった。おまけに、家も農場も分割払いとなっていたため、大戦終結後に経済不況が起こると、贈与した人々が支払いできなくなってしまい、ヨークは残った代金を肩代わりして払うことになる。

そうしたなかでも、彼はめげることなく刻苦勉励した。そして生活が安定すると、自分と同じ貧困家庭に育った子供たちのために学校を創る。著名人としてメディアに出ることを嫌ったヨークが、自身を主人公にした映画の制作を許可したのも、学校の資金づくりのためであった。教育事業に取り組むきっかけについて、彼は次のように説明している。

「カトリックやプロテスタント、ユダヤ系やギリシャ系、イタリア系、ポーランド系、アイルランド系、そしてアメリカ生まれの人々と、私は世界大戦を戦った。彼らは戦友《バディ》であり、私は彼らを愛することを学んだ」。ヨークの暮らすアパラチア山脈の農村はプロテスタントの白人ばかりであったが、入営した部隊で、北部の州で徴兵された移民たちと出会ったのである。彼らを通じて、産業の発展した北部社会でも、南部の貧しい農村と同じように生活に苦闘する人々があることを彼は知った。このため、自分や戦友たちを苦しめるものがあれば、その克服に向けて行動することこそが自らの使命と考えるようになった（*His Own Life Story and War Diary*, p. 309）。こうしたヨークの同志愛は本当に素朴なもので、一九三〇年代にはニューディール改革を支持する民主党員として活動するようになる。

私が見落とせないのは、ヨークの視界に黒人が入っていないことである。北軍の将軍であったベンジャミン・バトラーやジョン・ローガンは、戦士となった黒人たちの勇敢さを称え続けた。北軍兵であったウィリアム・シングルトンは長命で、ヨークがこの言葉を残した時点でも、北軍退役兵団体の集会に出席しており、戦争の英雄として遇されていた。こうした北軍文化は南北戦争の記憶が色褪せるなかで失われていく。ウィルソン政権が導入した選抜徴兵のもとで兵士になったヨークの視界には、北部の白人移民しか入らなくなっていた。この書を執筆しているとき、私の念頭にはヨークのような人々のことがあり、南部の白人男性のなかにも多様な人々がいて、人種やジェンダーなどでの差別を根絶しようとする者もあれば、差別を当然とする者もあったであろうと感じていた。

思想史家のアイザイア・バーリンによれば、人間は自分の理性や才能の発展に好適な環境では自分自身の行き先をある程度まで決定できる。ただ、その道を選ぶと必ず真理や自由に到達できると定められた確実な保障などない(『自由論』、四四九―四五〇頁)。人種やジェンダーの壁を越え、同じアメリカの「人民」として、より良い社会を目指す人民主義《ポピュリズム》は、暴力をもちいた政府への抗議を人民の運動であると言い切って正当化する蛮行《ヴァンダリズム》とは、まったく違う。しかし、ときには紙一重の差しかないことがある。バーリンの考えに従うなら、別の人種や異なるジェンダー観の人々を傷つけてはならないと感じる人間愛の心が失われてしまえば、理性や自由の道が塞がれて、正義を目指す人民理念が蛮行へと容易に頽廃《たいはい》してしまうのではないか。他者と対話できる社会的条件こそ、文化と歴史の考察を通じて問題にすべきことのように思う。

＊　＊　＊

本書は科学研究費助成事業（基盤研究（B）「抗争と粛清のアメリカ――一九世紀北米ポピュリズムの起源をめぐる史的考察」課題番号20H01335）の研究成果の一部である。

二〇世紀史から勉強をはじめた私が、植民地期から二一世紀までを扱うミリシア研究をすることができたのは、「抗争と粛清のアメリカ」プロジェクトに参加していただいた方々のお力添えがあったからである。横山良氏、田中きく代氏、遠藤泰生氏、肥後本芳男氏、小原豊志氏、金井光太朗氏、山本貴裕氏には、とくに感謝したい。また、本プロジェクトの中間総括の際、古矢旬氏から貴重なコメントとご助力を得た。心より御礼を申しあげる。

私がミリシア史に関心を持つようになったのは、アメリカ史の先達の導きがあったからである。私の博士論文は、その一部で一九一七年選抜徴兵法と革新主義政治との関係を考察した。幸いにも、その論文審査で斎藤眞先生の教えを受けることができた。斎藤先生は、ミリシアがアメリカ民主主義の形成で果たした役割に深い関心を寄せられた方である。また同じ頃、野村達朗先生からミリシアを社会史的な視角で見ることの大切さを教えられた。野村先生は民衆史の専門家として、労働組合への州軍の弾圧がどのようなものであったか、解明せねばならないと力説されていた。お二方とも鬼籍に入られたが、この書によって、私が受けた学恩のうちの少しだけでも報いることができたならと願っている。無論、この書に関する一切の責任は私だけにある。右にお名前を示した方々にないことは明記したい。

最後となるが、この書を編集していただいた岩波書店新書編集部の島村典行氏に謝意と敬意を申しあげる。

二〇二三年八月　小倉足立山のふもとで

中野博文

岩波新書／最新刊から

1993 **親密な手紙** 大江健三郎 著

渡辺一夫をはじめ、サイード、井上ひさし、武満徹、オーデンなどを思い出とともに語る魅力的な読書案内。『図書』好評連載。

1994 **社会学の新地平** ―ウェーバーからルーマンへ― 佐藤俊樹 著

マックス・ウェーバーとニクラス・ルーマン――産業社会の謎に挑んだふたりの社会学の巨人。彼らが遺した知的遺産を読み解く。

1995 **日本の建築** 隈研吾 著

都市から自然へ、集中から分散へ。モダニズム建築とは異なる道を歩み、西欧の建築に影響を与え続けた日本建築の挑戦を読み解く。

1996 **文学が裁く戦争** ―東京裁判から現代へ― 金ヨンロン 著

一九四〇年代後半から現在まで、戦争裁判をテーマとした主要な作品を取り上げて、戦争を裁き直そうとした文学の流れを描く。

1997 **ドキュメント異次元緩和** ―10年間の全記録― 西野智彦 著

あのとき何が起きていたのか。当局者たちの知られざる水面下の動きを仔細に再現、黒田日銀による異例ずくめの政策を総括する。

1998 **文化財の未来図** ―〈ものつくり文化〉をつなぐ― 村上隆 著

水や空気のように、私たちに欠かせない文化財。それらを守り、学び、つなげて、真の「文化の国」をめざすために必要なこととは。

1999 **豆腐の文化史** 原田信男 著

昔から広く日本で愛されてきた不思議な白い食べ物の魅力を歴史的・文化的に描く。食文化史研究の第一人者による渾身の書下ろし。

2000 **耳は悩んでいる** 小島博己 編

加齢による聞こえ方の変化、幅広い世代に増えている難聴。耳の構造、病気、予防を解説し、認知症との関連など最新の知見も紹介。

(2024.1)

岩波新書より

近代国家への模索 1894-1925　川島　真
革命とナショナリズム 1925-1945　石川禎浩
社会主義への挑戦 1945-1971　久保　亨
開発主義の時代へ 1972-2014　高原明生・前田宏子
中国の近現代史をどう見るか　西村成雄

シリーズ　アメリカ合衆国史

植民地から建国へ 19世紀初頭まで　和田光弘
南北戦争の時代 19世紀　貴堂嘉之
20世紀アメリカの夢 世紀転換期から一九七〇年代　中野耕太郎
グローバル時代のアメリカ 冷戦時代から21世紀　古矢　旬

シリーズ　歴史総合を学ぶ

世界史の考え方　小川幸司・成田龍一 編
歴史像を伝える　成田龍一
世界史とは何か　小川幸司

岩波新書より

- ノモンハン戦争 モンゴルと満洲国　田中克彦
- 中国という世界　竹内実
- ウィーン 都市の近代　田口晃
- 紫禁城　入江曜子
- ジャガイモのきた道　山本紀夫
- 創氏改名　水野直樹
- フランス史10講　柴田三千雄
- 地中海　樺山紘一
- 多神教と一神教　本村凌二
- 奇人と異才の中国史　井波律子
- ドイツ史10講　坂井榮八郎
- ナチ・ドイツと言語　宮田光雄
- ニューヨーク◆　亀井俊介
- 離散するユダヤ人　小岸昭
- 現代史を学ぶ　溪内謙
- アメリカ黒人の歴史〔新版〕　本田創造
- 文化大革命と現代中国　安藤正士・太田勝洪・辻康吾
- フットボールの社会史　F・P・マグーン Jr　忍足欣四郎訳

- コンスタンティノープル千年　渡辺金一
- ペスト大流行　村上陽一郎
- ピープス氏の秘められた日記　臼田昭
- 中世ローマ帝国　渡辺金一
- モロッコ　山田吉彦
- シベリアに憑かれた人々　加藤九祚
- インカ帝国◆　泉靖一
- 中国の隠者　富士正晴
- 漢の武帝◆　吉川幸次郎
- 孔子　貝塚茂樹
- 中国の歴史 上・中・下◆　貝塚茂樹
- インドとイギリス　吉岡昭彦
- アリストテレスとアメリカ・インディアン　L・ハンケ　佐々木昭夫訳
- フランス革命小史◆　河野健二
- 魔女狩り　森島恒雄
- 風土と歴史　飯沼二郎
- ヨーロッパとは何か　増田四郎
- 世界史概観 上・下　H・G・ウェルズ　長谷部文雄・阿部知二訳

- 歴史の進歩とはなにか◆　市井三郎
- 歴史とは何か　E・H・カー　清水幾太郎訳
- フランス ルネサンス断章　渡辺一夫
- チベット　多田等観
- 奉天三十年 上・下　クリスティー　矢内原忠雄訳
- ドイツ戦歿学生の手紙　ヴィットコップ編　高橋健二訳
- アラビアのロレンス 改訂版◆　中野好夫

シリーズ 中国の歴史

- 中華の成立 唐代まで　渡辺信一郎
- 江南の発展 南宋まで　丸橋充拓
- 草原の制覇 大モンゴルまで　古松崇志
- 陸海の交錯 明朝の興亡　檀上寛
- 「中国」の形成 現代への展望　岡本隆司

シリーズ 中国近現代史

- 清朝と近代世界 19世紀　吉澤誠一郎

岩波新書新赤版一〇〇〇点に際して

ひとつの時代が終わったと言われて久しい。だが、その先にいかなる時代を展望するのか、私たちはその輪郭すら描きえていない。二〇世紀から持ち越した課題の多くは、未だ解決の緒を見つけることのできないままであり、二一世紀が新たに招きよせた問題も少なくない。グローバル資本主義の浸透、憎悪の連鎖、暴力の応酬――世界は混沌として深い不安の只中にある。

現代社会においては変化が常態となり、速さと新しさに絶対的な価値が与えられた。消費社会の深化と情報技術の革命は、種々の境界を無くし、人々の生活やコミュニケーションの様式を根底から変容させてきた。ライフスタイルは多様化し、一面では個人の生き方をそれぞれが選びとる時代が始まっている。同時に、新たな格差が生まれ、様々な次元での亀裂や分断が深まっている。社会や歴史に対する意識が揺らぎ、普遍的な理念に対する根本的な懐疑や、現実を変えることへの無力感がひそかに根を張りつつある。そして生きることに誰もが困難を覚える時代が到来している。

しかし、日常生活のそれぞれの場で、自由と民主主義を獲得し実践することを通じて、私たち自身がそうした閉塞を乗り超え、希望の時代の幕開けを告げてゆくことは不可能ではあるまい。そのために、いま求められていること――それは、個と個の間で開かれた対話を積み重ねながら、人間らしく生きることの条件について一人ひとりが粘り強く思考することではないか。その営みの糧となるものが、教養に外ならないと私たちは考える。歴史とは何か、よく生きるとはいかなることか、世界そして人間はどこへ向かうべきなのか――こうした根源的な問いとの格闘が、文化と知の厚みを作り出し、個人と社会を支える基盤としての教養となった。まさにそのような教養への道案内こそ、岩波新書が創刊以来、追求してきたことである。

岩波新書は、日中戦争下の一九三八年一一月に赤版として創刊された。創刊の辞は、道義の精神に則らない日本の行動を憂慮し、批判的精神と良心的行動の欠如を戒めつつ、現代人の現代的教養を刊行の目的とする、と謳っている。以後、青版、黄版、新赤版と装いを改めながら、合計二五〇〇点余りを世に問うてきた。そして、いままた新赤版が一〇〇〇点を迎えたのを機に、人間の理性と良心への信頼を再確認し、それに裏打ちされた文化を培っていく決意を込めて、新しい装丁のもとに再出発したいと思う。一冊一冊から吹き出す新風が一人でも多くの読者の許に届くこと、そして希望ある時代への想像力を豊かにかき立てることを切に願う。

（二〇〇六年四月）

中野博文

1962年福岡県久留米市生まれ．1993年学習院大学大学院政治学研究科後期課程修了．博士(政治学)．広島大学総合科学部専任講師を経て，北九州市立大学外国語学部助教授．現在，同学部教授．
専攻―アメリカ政治外交史
著書―『ヘンリ・アダムズとその時代 世界大戦の危機とたたかった人々の絆』(彩流社，2016年)，『海のグローバル・サーキュレーション 海民がつなぐ近代世界』(田中きく代，遠藤泰生，金澤周作，肥後本芳男との編著，関西学院大学出版会，2023年)，『アメリカ研究の現在地 危機と再生』(伊藤詔子，肥後本芳男との編著，彩流社，2023年)ほか

暴力とポピュリズムのアメリカ史
―ミリシアがもたらす分断　　岩波新書(新赤版)2005

2024年1月19日　第1刷発行

著　者　中野《なかの》博文《ひろふみ》

発行者　坂本政謙

発行所　株式会社 岩波書店
〒101-8002 東京都千代田区一ツ橋 2-5-5
案内 03-5210-4000　営業部 03-5210-4111
https://www.iwanami.co.jp/

新書編集部 03-5210-4054
https://www.iwanami.co.jp/sin/

印刷・三陽社　カバー・半七印刷　製本・中永製本

ISBN 978-4-00-432005-0　　Printed in Japan

略 年 表

以下の表は本書の理解を助けるために，本書で記述した出来事のみを取りあげている．アメリカ史の主要な出来事を網羅したものではないので，ご注意いただきたい

西暦	時代区分	アメリカの国制と軍制にかかわる出来事	暴動，反乱，革命，戦争
1607	植民地期	ヴァージニア植民地建設(北米大陸初めてのイギリスの恒久的植民地としてジェームズタウンに入植)．ミリシア制度の導入	
20		プリマス植民地建設	
30		マサチューセッツ植民地建設	
36		ミリシアの連隊創設(マサチューセッツ植民地政府．アメリカ陸軍の始まり)	
40			ピューリタン革命(1660年まで)
76		ベンジャミン・チャーチによるレインジャーの結成(プリマス植民地)	ベーコンの乱(ヴァージニア植民地)
88			オラニエ公ウィレム，イングランド上陸(名誉革命)
89		植民地軍がマサチューセッツ植民地によって創設	イギリス議会，権利章典を制定(合衆国憲法におけるミリシア規定の起源の一つ)
1754			フレンチ・アンド・インディアン戦争(七年戦争に先駆けて起こった北米大陸での英仏の戦い)
56			七年戦争(1763年まで)
64			パクストン・ボーイズのペンシルヴェニア政府襲撃
73	独立革命期		ボストン茶会事件
75		大陸軍設立(1783年に解散)	レキシントン・コンコードの戦い
76			アメリカ独立宣言

77	独立革命期		ヴァレーフォージの戦い(1778年まで．イギリス軍の攻勢に対する大陸軍の苦戦)
81			ヨークタウンの戦い(独立革命の最後の決戦)
83	連合会議期	「平時における軍事組織」(アレグザンダー・ハミルトンによる報告書)が連合会議に提出	パリ条約調印(アメリカ独立革命をめぐるイギリスとの講和条約)
84		第一アメリカ連隊創設(連合直轄の軍隊．合衆国正規軍の直接の前身)	
86			シェイズの乱(1787年まで)
88	フェデラリスト政権期	合衆国憲法発効	
89		3月，合衆国政府発足．10月，合衆国憲法修正第二条，連邦議会で可決	
91		合衆国憲法修正第二条発効	
92		ミリシア召集法，統一ミリシア法が成立	
1801	共和派の政権期	ジェファソン大統領による軍縮	
02		ウェストポイント士官学校設立	
12			米英戦争(1814年まで)
18		中立法制定(アメリカ市民の外国軍への参加，武器援助を規制)	
20		ジョン・カルフーン陸軍長官による平時の正規軍整備構想発表	
24			ペンシルヴェニア第八四連隊による強制軍事訓練への反対行動
31	アンテベラム(南北戦争以前)期	デラウェア州，ミリシアの訓練義務を廃止(1850年代までに全州で州民の強制参加がなくなる)	ナット・ターナーの乱(ヴァージニア州における奴隷反乱)
35			奴隷制廃止運動に反対するボストン市の暴動
38		ボストン市でアメリカ初の警察署が誕生	
41			ドアの乱(ロードアイランド州，1842年まで)

46	アンテベラム(南北戦争以前)期		アメリカ・メキシコ戦争(1848年まで)
47			アグア・ヌエヴァの虐殺(アーカンソー州ミリシアによるメキシコ市民の殺害事件)
56		チャールズ・サムナー,「カンザスの犯罪」演説(修正第二条を自己防衛のための権利と訴えた先駆的主張)	
60			11月,リンカン,大統領選挙で当選.12月,サウスカロライナ州が連邦を脱退
61	南北戦争期	5月,ベンジャミン・バトラー,軍司令官としての権限で逃亡奴隷を奴隷主に返さないことを決定.8月,敵財産没収法制定	2月,南部連合結成.3月,リンカン大統領就任.4月,サムター要塞を南部連合が攻撃(南北戦争の始まり,1865年まで)
62		ベンジャミン・バトラー,解放奴隷の北軍志願を許可	
63		3月,徴兵法制定.5月,行政命令143により合衆国有色人種部隊創設	7月,ニューヨーク市などで徴兵反対暴動
64		オハイオ,州法でミリシア兵に軍服を購入し,州の備品である武器を貸与することを決定	
67	再建期	2月,連邦議会,各州のミリシアは人種にかかわりなく連邦に忠実な市民から構成されることを宣言.3月,連邦議会,再建法を制定(旧南部連合の諸州が連邦政府に復帰する条件を定め,復帰まで軍によって占領統治することを規定).同月,南部連合のミリシア解散(テネシー州を除く)	4月,クー・クラックス・クラン(KKK)のナシュヴィル大会(共和党員と黒人へのテロが激化)
69		連邦議会,アラバマ,アーカンソー,フロリダ,ノースカロライナ,サウスカロライナで黒人ミリシア部隊を承認	
71		公民権法(KKK法)成立	

77	再建期	旧南部連合に対する占領統治の終了	鉄道労働者を中心とした大争議
78	帝国主義期	州軍協会設立	
98			アメリカ・スペイン戦争
1903		ディック法制定(州政府に常設ミリシア設置，それまでのミリシアを根本的に改革)	
14	第一次世界大戦期		第一次世界大戦(1918年まで)
16		国防法制定(ミリシアの予備軍化)	ウィルソン政権，メキシコに遠征軍派遣(パンチョ・ビジャのアメリカ領攻撃への対処)
17		選抜徴兵法制定(1919年まで)	アメリカ，第一次世界大戦に参戦
39	第二次世界大戦期		第二次世界大戦(1945年まで)
40		選抜徴兵法，再導入(史上初の平時の徴兵制．朝鮮戦争前夜の中断を除いて1972年まで存続)	
41			アメリカ，第二次世界大戦に参戦
48	冷戦初期	行政命令9981(軍における人種隔離の廃止を宣言)	
50	朝鮮戦争期	大統領諮問委員会，報告書「奉仕する自由」承認(軍における人種隔離の廃止に向けた提言)	朝鮮戦争勃発(1953年まで)
53		アイゼンハワー，大統領就任	
55	公民権運動高揚期		アラバマ州モントゴメリーでのバスボイコット
57			アーカンソー州リトルロックで黒人生徒の高校入学に際し，州軍が正規軍に編入
63			ケネディ大統領，暗殺
64	ベトナム戦争期	公民権法制定	トンキン湾事件(ベトナムへの本格的軍事介入の始まり)
65			ワッツ暴動

68	ベトナム戦争期	ニクソン，大統領選挙で徴兵を停止し「志願兵だけの軍隊」にすることを発表	
70			ケント州立大学事件(ベトナム戦争を批判する学生に州軍部隊が発砲)
72		徴兵停止(徴兵登録は 1980 年に再開)	
73			アメリカ軍，ベトナムから撤兵完了
89	冷戦末期		マルタ会談(アメリカとソ連が冷戦終結を宣言)
91			ソ連崩壊
92	民間ミリシア団体が台頭し暴動や暴力事件が頻発した時期		4 月，ロサンゼルス暴動(5月まで)．8 月，ルビーリッジ事件
93		ブレイディ法制定(連邦政府による銃規制立法)	ウェーコ事件(宗教団体ブランチ・ダヴィディアンによる立てこもり)
95			オクラホマシティでの連邦政府ビル爆破事件
2001			9 月，同時多発テロ事件．同月，ブッシュ政権，テロとの戦いを宣言
08		6 月，連邦最高裁，ワシントン特別区対ヘラー判決(修正第二条をミリシアと切り離して，自己防衛のための銃保有を認めたものと判断)．同月，ポスト 9・11 退役兵教育援助法制定	
21			トランプ支持者による連邦議会襲撃事件

主要参考文献

全体に関するもの

『シリーズ アメリカ合衆国史』全四巻(岩波新書, 2019, 2020年).
斎藤眞『アメリカとは何か』(平凡社, 1995年).
トクヴィル著, 松本礼二訳『アメリカのデモクラシー』全二巻(岩波文庫, 2005, 2008年).
A・ハミルトンほか著, 斎藤眞・中野勝郎訳『ザ・フェデラリスト』(岩波文庫, 1999年).
古矢旬, 山田史郎編著『権力と暴力』(ミネルヴァ書房, 2007年).
油井大三郎『好戦の共和国アメリカ——戦争の記憶をたどる』(岩波新書, 2008年).
James C. Bradford, *A Companion to American Military History* (Chichester, West Sussex: Wiley-Blackwell, 2010).
Michael D. Doubler and John W. Listman, Jr., *The National Guard: An Illustrated History of America's Citizen-Soldiers* second edition (Washington D. C.: Potomac Books, 2007).
Louis Hartz, *The Liberal Tradition in America: An Interpretation of American Political Thought since the Revolution* (San Diego, CA: Harcourt Brace, 1991) [有賀貞訳『アメリカ自由主義の伝統』(講談社学術文庫, 1994年)].
Richard Hofstadter, *The Age of Reform: From Bryan to F. D. R.* (New York: Alfred A. Knopf, 1955) [清水知久ほか訳『改革の時代——農民神話からニューディールへ』(みすず書房, 1988年)].
Allan R. Millett, Peter Maslowski, William B. Feis, *For the Common Defense: A Military History of the United States from 1607 to 2012* (New York: Free Press, 2012).
Samuel Walker and Charles M. Katz, *The Police in America: An Introduction* tenth edition (New York: McGraw Hill, 2021).

はじめに

Stewart Rhodes, "Just Following Orders," *S. W. A. T Magazine* (April 2008) [http://oath-keepers.blogspot.com/2009/05/keeping-your-oath-not-just-following.html].

第1章

Hannah Allam, "The Radicals' Rifle: Armed Groups on the Right and Left Exploit the AR-15 as Both Tool and Symbol," The Washington Post (March 27, 2023) [https://www.washingtonpost.com/nation/inte

ractive/2023/ar-15-armed-extremist-militia-groups/?itid=hp-top-table-main_p001_f001].

Lane Crothers, *Rage on the Right: The American Militia Movement from Ruby Ridge to the Trump Presidency* the second edition (Lanham, MD: Rowman & Littlefield, 2019).

Institute for Constitutional Advocacy and Protection, Georgetown University, *Prohibiting Private Armies at Public Rallies: A Catalog of Relevant State Constitutional and Statutory Provisions* third edition (September 2020) [https://www.law.georgetown.edu/icap/wp-content/uploads/sites/32/2018/04/Prohibiting-Private-Armies-at-Public-Rallies.pdf].

Jonathan Karl, *Betrayal: The Final Act of the Trump Show* (New York: Dutton, 2022).

Dana Milbank, *The Destructionists: The Twenty-Five-Year Crack-Up of the Republican Party* (New York: Doubleday, 2022).

Roger Stone, *The Making of the President 2016: How Donald Trump Orchesrtated a Revolution* (New York: Skyhorse, 2017).

第2章

金井光太朗『アメリカにおける公共性・革命・国家――タウン・ミーティングと人民主権の間』(木鐸社, 1995年).

斎藤眞『アメリカ革命史研究 自由と統合』(東京大学出版会, 1992年).

Charles Francis Adams, ed., *The Works of John Adams, Second President of the United States* vol. III (Boston: Little, Brown, 1851).

Bernard Bailyn, *The Ideological Origins of American Revolution* (Cambridge: Belknap Press, 1967).

Mrs. John A. Logan, *Reminiscences of a Soldier's Wife: An Autobiography* (Carbondale: Southern Illinois University Press, 1997).

Robert Middlekauff, *The Glorious Cause: The American Revolution, 1763-1789* (Oxford: Oxford University Press, 1982).

Edmund S. Morgan, *Inventing the People: The Rise of Popular Sovereignty in England and America* (New York: W. W. Norton, 1988).

J. G. A. Pocock, *The Machiavellian Moment: Florentine Political Thought and the Atlantic Republican Tradition* (Princeton: Princeton University Press, 1975) [田中秀夫ほか訳『マキャヴェリアン・モーメント――フィレンツェの政治思想と大西洋圏の共和主義の伝統』(名古屋大学出版会, 2008年)].

John Rhodehamel, ed., *George Washington: Writings* (New York: The Library of America, 1997).

Kyle F. Zelner, *A Rabble in Arms: Massachusetts Towns and Militiamen during King Philip's War*(New York: New York University Press, 2009).

第3章

久米邦武編，田中彰校注『特命全権大使 米欧回覧実記』(一)(岩波文庫，1977年).
H・D・ソロー著，飯田実訳『市民の反抗 他五篇』(岩波文庫，1997年).
Saul Cornell, *A Well-Regulated Militia: The Founding Fathers and the Origins of Gun Control in America*(Oxford: Oxford University Press, 2008).
Joseph J. Holmes, "The Decline of the Pennsylvania Militia, 1815-1870," *Western Pennsylvania Historical Magazine* vol. 57(April, 1974).
Harry S. Laver, *Citizens More than Soldiers: The Kentucky Militia and Society in the Early Republic*(Lincoln: University of Nebraska Press, 2007).
Mary Ellen Rowe, *Bulwark of the Republic: The American Militia in Antebellum West*(Westport: Praeger, 2003).
Richard Bruce Winders, *Mr. Polk's Army: The American Military Experience in the Mexican War*(College Station: Texas A & M University Press, 1997).
Frederick Zeh, *An Immigrant Soldier in the Mexican War*(College Station: Texas A & M University Press, 1995).

第4章

Rafe Blaufarb, "The Western Question: The Geopolitics of Latin American Independence," *The American Historical Review* vol. 112, no. 3 (June 2007).
Benjamin F. Butler, *Autobiography and Personal Reminiscences of Major-General Benj. F. Butler: Butler's Book*(Boston: A. M. Thayer, 1892).
J. B. Conacher, "British Policy in the Anglo-American Enlistment Crisis of 1855-1856," *Proceedings of the American Philosophical Society* vol. 136, no. 4.(December 1992).
Jerry Cooper, *The Rise of The National Guard: The Evolution of the American Militia, 1865-1920* (Lincoln: University of Nebraska Press, 1997).
Ulysees S. Grant, *Personal Memoirs*(New York: Penguin Books, 1999).
David Head, "New Nations, New Connections: Spanish American Privateering from the United States and the Development of Atlantic Re-

lations," *Early American Studies* vol. 11, no. 1 (Winter 2013).
Samuel P. Huntington, *The Soldier and the State: The Theory and Politics of Civil-Military Relations* (Cambridge: The Belknap Press of Harvard University Press, 1957) [市川良一訳『軍人と国家』上下(原書房，2008 年)].
Charles Johnson, Jr., *African American Soldiers in the National Guard: Recruitment and Deployment during Peacetime and War* (Westport: Greenwood Press, 1992).
James Pickett Jones, *Black Jack: John A. Logan and Southern Illinois in the Civil War Era* (Carbondale: Southern Illinois University Press, 1995).
Martin W. Öfele, *True Sons of the Republic: European Immigrants in the Union Army* (Westport: Praeger, 2008).
Benton Rain Patterson, *Lincoln's Political Generals: The Battlefield Performance of Seven Controversial Appointees* (Jefferson, North Carolina: McFarland: 2014).
Charles Royster, ed., *William Tecumseh Sherman: Memoirs of General W. T. Sherman* (New York: Library of America, 1990).
D. A. G. Waddell, "British Neutrality and Spanish-American Independence: The Problem of Foreign Enlistment," *Journal of Latin American Studies* vol. 19, no. 1 (May 1987).
Lew Wallace, *An Autobiography* vol. I–II (New York: Harper and Brothers, 1906).

第 5 章

川島正樹『アメリカ市民権運動の歴史――連鎖する地域闘争と合衆国社会』(名古屋大学出版会，2008 年).
佐野秀太郎『民間軍事警備会社の戦略的意義――米軍が追求する 21 世紀型軍隊』(芙蓉書房出版，2015 年).
中野耕太郎『戦争のるつぼ――第一次世界大戦とアメリカニズム』(人文書院，2013 年).
I. B. Holley, Jr., *General John M. Palmer, Citizen Soldiers, and the Army of a Democracy* (Westport: Greenwood Press, 1982).
Beth Bailey, *America's Army: Making the All-Volunteer Force* (Cambridge: Belknap Press: An Imprint of Harvard University Press, 2009).
Kathleen Belew, *Bring the War Home: The White Power Movement and Paramilitary America* (Cambridge: Harvard University Press, 2018).
John Whiteclay Chambers II, *To Raise an Army: The Draft Comes to*

Modern America (New York: The Free Press, 1987).
John Garry Clifford, *The Citizen Soldiers: The Plattsburg Training Camp Movement, 1913–1920* new edition (Lexington: University Press of Kentucky, 2015).
Jeremy Scahill, *Blackwater: The Rise of the World's Most Powerful Mercenary Army* (New York: Bold Type Books, 2008) [益岡賢，塩山花子訳『ブラックウォーター——世界最強の傭兵企業』(作品社，2014 年)].
Richard Slotkin, *Lost Battalions: The Great War and the Crisis of American Nationality* (New York: Henry Holt, 2005).
William A. Taylor, *The Advent of the All-Volunteer Force: Protecting Free Society* (New York: Routledge, 2023).

おわりに

Saul Cornell, Nathan Kozuskanich, eds., *The Second Amendment on Trial: Critical Essays on District of Columbia v. Heller* (Amherst: University of Massachusetts Press, 2013).
Charles Sumner, *The Crime Against Kansas* (Boston: John P. Jewett, 1856) [https://www.senate.gov/artandhistory/history/resources/pdf/CrimeAgainstKSSpeech.pdf].

あとがき

中野博文「国民国家論とコンセンサス学派のあいだ」『アメリカ史評論』第 25 号(2007 年).
アイザィア・バーリン著，小川　晃一ほか訳『自由論』(みすず書房，1979 年).
David D. Lee, *Sergeant York: An American Hero* (Lexington: The University Press of Kentucky, 1985).
Douglas V. Mastriano, *Alvin York: A New Biography of the Hero of the Argonne* ((Lexington: The University Press of Kentucky, 2014).
Alvin C. York (Tom Skeyhill ed.), *His Own Life Story and War Diary*, (New York: Doubleday, Doran, 1930).

図表出典一覧

第 1 章扉……(c)ZUMAPRESS.com/amanaimages
図 1-1……(c)Lev Radin/Sipa USA/amanaimages
図 1-2……ギャラップ調査をもとに作成[https://news.gallup.com/interactives/185273/presidential-job-approval-center.aspx]
図 1-3，図 1-4……南部貧困法律センターの HP[https://www.splcenter.org]から筆者が作成(“Antigovernment Militia Groups Grew by More than One-Third in Last Year”(January 04, 2016); Heldi Beirich, “The Year in Hate: Rage against Change”(2019 Spring Issue: February 20, 2019); “A Report from the Southern Poverty Law Center: The Year in Hate and Extremism 2020”; Cassie Miller and Rachel Carroll Rivas, “The Year in Hate and Extremism 2021”)
図 1-5……(c)Polaris/amanaimages

第 2 章扉……国防総省州軍局のサイトから．Courtesy of the National Guard Bureau[https://www.nationalguard.mil/Resources/Image-Gallery/Historical-Paintings/Heritage-Series/The-First-Muster/FileId/319471/]
図 2-1……Mrs. John A. Logan, *Reminiscences of a Soldier's Wife: An Autobiography*(Carbondale: Southern Illinois University Press, 1997)
図 2-2……ニューヨーク公共図書館(Wikimedia Commons)
図 2-3……John U. Rees, *They Were Good Soldiers: African-Americans Serving in the Continental Army, 1775-1783*(Warwick: Helion, 2019)

第 3 章扉……Wikimedia Commons(Daderot 氏撮影)
図 3-1……著者作成
図 3-2……メトロポリタン美術館[https://www.metmuseum.org/art/collection/search/11302]
図 3-3……Wikimedia Commons
図 3-4……ウェストポイント陸軍士官学校の資料[https://www.westpoint.edu/sites/default/files/inline-images/academics/academic_departments/history/Mexican%20and%20Sp%20Am%20wars/mexican-war-overview.gif]などをもとに中野馨文とともに作成

第 4 章扉……Wikimedia Commons
図 4-1……貴堂嘉之『シリーズ アメリカ合衆国史② 南北戦争の時代 19 世紀』59 頁から
図 4-2……アメリカ議会図書館所蔵のリトグラフ[https://tile.loc.gov/storage-services/service/pnp/pga/00500/00541v.jpg]
図 4-3……アメリカ議会図書館[https://www.loc.gov/item/2018666400/]
図 4-4……William Henry Singleton, *Recollections on My Slavery Days*(Raleigh, North Carolina: Office of Archives and History, North Carolina Department of Cultural Resources, 2007)

図 4-5……Harper's Weekly vol. XXI, No. 1076, 11 August 1877［https://babel.hathitrust.org/cgi/pt?id=mdp.39015038634450&seq=518. 左図は末尾が=522］
表 4-1……次の著作のデータをもとに著者が作成. Jerry Cooper, *The Rise of the National Guard: The Evolution of the American Militia, 1865-1920*, p. 47

第 5 章扉……Wikimedia Commons
図 5-1……アメリカ議会図書館［https://loc.getarchive.net/media/theodore-roosevelt-half-length-portrait-in-uniform-facing-slightly-left］
図 5-2……フランクリン・デラノ・ローズヴェルト図書館. Courtesy of the Franklin D. Roosevelt Library archives［https://www.fdrlibrary.org/documents/356632/390882/chronoer013.jpg/d7caf6b4-22ae-457a-aa3c-623b654bd2bf?t=1462469269264］
図 5-3……Beth Bailey, *America's Army: Making the All-Volunteer Force*（Cambridge: The Belknap Press of Harvard University Press, 2009）
図 5-4……(c)The Granger Collection, New York / The Granger Collection/amanaimages
表 5-1……次の資料から著者が作成. Millett, Maslowski, Feis, *For the Common Defense: A Military History of the United States from 1607 to 2012*, p. 684; *Demographics: Profile of the Military Community*［https://download.militaryonesource.mil/12038/MOS/Reports/2015-Demographics-Report.pdf］; *U. S. Military Forces in FY 2020: Army*［https://www.csis.org/analysis/us-military-forces-fy-2020-army］

おわりに……Charles Sumner, *The Crime against Kansas*（Boston: John P. Jewett, 1856）［https://www.senate.gov/artandhistory/history/resources/pdf/CrimeAgainstKSSpeech.pdf］

＊上のウェブサイトへの最終アクセス日は，すべて 2023 年 8 月 30 日である